Elogio da Tradução

Barbara Cassin nasceu em 1947. É helenista, filóloga, tradutora, professora universitária e uma das mais importantes filósofas francesas da atualidade. Seu percurso é marcado por um movimento de reabilitação dos sofistas na história da filosofia, pela localização da presença do sofista em nossos tempos na psicanálise e pela defesa da tradução como construção de um espaço democrático de coexistência das diferenças. Cassin foi diretora do Centre Léon Robin da Sorbonne, presidente do Collège international de philosophie e eleita em 2018 para a Academia Francesa.

Barbara Cassin
Elogio da Tradução
Complicar o universal

Tradução
DANIEL FALKEMBACK E SIMONE PETRY

wmf **martinsfontes**

Esta obra foi publicada originalmente com francês com o título
ÉLOGE DE LA TRADUCTION – COMPLIQUER L'UNIVERSEL
por Librairie Arthème Fayard, Paris.
Copyright © 2016, Librairie Arthème Fayard.
Copyright © 2022, Editora WMF Martins Fontes Ltda.,
São Paulo, para a presente edição.

Cet ouvrage, publié dans le cadre du Programme d'Aide à la Publication année 2022
Carlos Drummond de Andrade de l'Ambassade de France au Brésil, bénéficie du
soutien du Ministère de l'Europe et des Affaires étrangères.

Este livro, publicado no âmbito do Programa de Apoio à Publicação ano 2022
Carlos Drummond de Andrade da Embaixada da França no Brasil, contou com o
apoio do Ministério francês da Europa e das Relações Exteriores.

1ª edição 2022

Editores *Pedro Taam e Alexandre Carrasco*
Tradução *Daniel Falkemback e Simone Petry*
Revisão da tradução *Rodrigo Tadeu Gonçalves*
Revisões *Ana Caperuto, Adriana Bairrada e Flavio Taam*
Produção gráfica *Geraldo Alves*
Paginação *Renato de Carvalho Carbone*
Capa *Katia Harumi Terasaka Aniya*

Dados Internacionais de Catalogação na Publicação (CIP)
(Câmara Brasileira do Livro, SP, Brasil)

Cassin, Barbara
 Elogio da tradução : complicar o universal /Barbara Cassin ; tradução Simone Christina Petry e Daniel Falkemback. – São Paulo : Editora WMF Martins Fontes, 2022. – (Métodos)

 Título original: Éloge de la traduction : compliquer l'universel
 Bibliografia.
 ISBN 978-85-469-0384-9

 1. Tradução I. Título. II. Série.

22-112499   CDD-418.02

Índice para catálogo sistemático:
1. Tradução : Linguística   418.02

Cibele Maria Dias – Bibliotecária – CRB-8/9427

Todos os direitos desta edição reservados à
Editora WMF Martins Fontes Ltda.
Rua Prof. Laerte Ramos de Carvalho, 133 01325.030 São Paulo SP Brasil
Tel. (11) 3293.8150 e-mail: info@wmfmartinsfontes.com.br
http://www.wmfmartinsfontes.com.br

SUMÁRIO

Elogio do Brasil – Prefácio à edição brasileira XI
Advertência XV
Elogio do grego – Abertura XVII

ELOGIO DA TRADUÇÃO

1. Elogio dos intraduzíveis.................................... 3
Após Babel, com alegria... 3
Contra a patologia do universal: é melhor ser bárbaro?... 6
De outro lugar: *uma* língua e não *a* língua.......... 12
É melhor ser sofista?.. 16
Es gibt Sein/Há línguas 20
Palavra ou conceito? Falar em segundo 21
Um gesto político.. 23
"Mais de uma língua": Derrida e Lacan, sofistas.. 32
A porosidade das disciplinas: qual é a intimidade entre um filósofo e sua língua? 35
A língua do mundo é a tradução – mas o que quer uma língua?.. 38
Intraduzíveis como método 44

2. Elogio da homonímia.. 51
   Do mal radical à impressão digital das línguas... 51
   O pé de uma montanha 53
   Homonímias e anfibologias ou a cruz dos tradutores: um caso exemplar 58
   Palimpsesto, tradução intralinguística e auge da escrita 68
   Como a tradução viola regularmente o princípio de não contradição, ou a patologia do universal, *bis*.. 71
   A tradução, ponta do *iceberg*, ou como mais filologia salva 76
   A integral dos equívocos: um comparatismo de sintomas.. 78
   A tradução automática: homonímia, o retorno... 83
   Wordnet e as categorias de Aristóteles................ 87
   De uma nuvem de homônimos a uma nuvem de homônimos: uma clínica do caso....................... 93

3. Elogio do relativismo consequente 97
   O dispositivo Protágoras 97
   A "equivocidade vacilante do mundo", ou como a tradução é para as línguas o que a política é para os homens 97
   Medir a verdade: o relativismo como comparativo dedicado.. 101
   O ódio ao relativismo – "minha razão pura ou o caos" 110
   "Deves suportar ser medida": educar o gosto..... 117
   O dispositivo Humboldt.. 122
   O encaixe dos *energeiai* 123
   O *Agamêmnon* de Ésquilo ou sobre a *paideia*....... 126
   Estranheza e estrangeiro 130

O amor da língua?.. 133
Um panteão, não uma igreja................................. 135
O árduo problema do gênio das línguas 139
Desvincular língua e povo: "uma língua não
pertence" 155
Entre as línguas, ou sobre a filologia................... 158
O elogio, gênero recapitulativo: a tradução como
savoir-faire com as diferenças, ou sobre o melhor
paradigma para as ciências humanas................... 160

"Entre".. 165
Agradecimentos 177

"E tu, quer o queiras, quer não,
deves suportar ser medida."

Protágoras, no *Teeteto* de Platão

ELOGIO DO BRASIL
PREFÁCIO À EDIÇÃO BRASILEIRA

Há poucos países onde me senti em casa/não em casa, ou seja, de verdade no meu lugar, bem-vinda e útil: a África do Sul, a Ucrânia e o Brasil.

A história é longa e, como deveria ser, ela se dá pelas pessoas.

Uma primeira viagem foi feita graças ao Colégio Internacional de Filosofia. E, então, os convites se multiplicaram, e eu sempre os aceitava, descobrindo novos hábitos, uma cultura mestiça e, apesar disso, muito branca, viagens turísticas que nunca foram bem isso, conferências e seminários que nunca foram somente isso, com psicanalistas em pequenas escolas, como na França, filósofos em suas localidades e fronteiras, mais analíticos em certas universidades e mais deleuzeanos onde eu mais gostava de ir, sempre com estudantes magníficos e mais estudantes magníficos. Com todo tipo de aventuras, inclusive editoriais, e todo tipo de alegria, com o pano de fundo de um povo incrível em inventividade, resistência, vida, inteligência política. Com alunos, amigos, muitos e por muito tempo. Com palavras, *loção, saudade*, como se a língua pudesse ser aprendida por si só, saboreando-a sem falar. Obviamente sons diferentes, ritmos diferentes dos de Portugal. Nada além de prazer. Talvez eu nunca tenha trabalhado tão bem nem compreendido tanto como no Brasil, graças ao Brasil e para o Brasil. Tanto que não é este livro sobre tradução que eu prefacio, é a relação "entre e com", que faz com que comecemos a traduzir, a entender, a interpretar, a dar valor. Uma tão familiar estranheza...

Com uma graça incompreensível para a pequena burguesia, à qual eu também pertencia, um professor universitário, que eu sabia o quanto valia, caminhava pela praia para vender sanduíches – sua segunda jornada de trabalho. Aprendi futebol, sobre o salário mínimo, que a gasolina ia acabar no posto, aonde se poderia e aonde não se deveria ir, o que deixar na praia (nada), aprendi outra hospitalidade, outra generosidade, outras formas de viver com felicidade. Outras angústias também, como quando cerca de quinze crianças e adolescentes entraram no pequeno restaurante onde estávamos e se alinharam na parede sem uma palavra. Outro "em casa", do qual justamente tenho nostalgia.

Nenhuma honra provavelmente me honrou mais do que ser nomeada Cidadã Honorária da cidade de São Paulo por Marilena Chaui, pela publicação de *Ensaios sofísticos*. Eric, Ana Lúcia, Cláudio, Fernando, Luísa, Rodrigo, já que nos chamamos pelo nome: esses amigos e muitos outros (desculpem-me por não escrever uma página inteira só de primeiros nomes) também designam instituições e trabalhos em conjunto.

Chegou um momento em que, graças às bolsas-sanduíche e às forças combinadas, o Centro Léon Robin da Paris-Sorbonne se tornou uma espécie de posto avançado. Como a poesia de Rimbaud, o Brasil estava então à frente. Filosofia grega, grego: meus melhores doutorandos nessas áreas não tinham espaço na França. Nenhuma vaga para eles. Por que ensinar isso? Achem algo mais lucrativo para a sociedade! Bem, foi no Brasil de Lula que eles foram acolhidos por estudantes brasileiros que haviam se tornado professores. Como se no Brasil as pessoas entendessem que a filosofia, a filosofia grega, é precisamente do que se precisa para viver; que é a coisa mais útil para viver politicamente e ser um cidadão. Como se respirássemos melhor ali do que na França, porque a utilidade do inútil era evidente e apreciada por todos. Que a chamemos de "cultura" ou "música", de *mousa*, a "musa". Por isso fiquei tão encolerizada e triste quando, até mesmo as mulheres, escolheram um *not my president*.

Este *Elogio da tradução* é também um encaixe à espera de futura conexão. Ele explica por que e como o *Dicionário dos intraduzíveis* foi feito em francês, como uma máquina de guerra contra duas ameaças: o nacionalismo ao estilo de Heidegger, ligado ao incômodo problema do "gênio" das línguas e sua hierarquia "ontológica", e o *globish* institucional, sufocante na Europa – e talvez sufocando a Europa, o que torna as línguas de cultura espécies ameaçadas de extinção em meio a um mundo ansioso pelo comunicar.

A empreitada louca de traduzir, ou seja, reinventar, esse dicionário de intraduzíveis está em andamento em cerca de dez línguas. O que inclui o português, o português brasileiro. Um primeiro volume foi publicado sob a coordenação de Fernando Santoro e Luísa Buarque, que reuniram a coragem, o conhecimento e a inteligência de dezenas de amigos e colaboradores. Com intenções diferentes daquelas do trabalho francês, que pelejava na Europa, não na América do Sul, e que não estava preocupado com as línguas sob a língua nem com a antropofagia da língua dominante. Mas o francês tem tudo a aprender com a *intradução*. Todos nós nos envolvemos em trabalhos práticos. Começou para mim com *Ensaios sofísticos*, depois veio a tradução de *O efeito sofístico*, depois a de *Jacques, o sofista*, engajada com as torsões de Lacan e as minhas. Do francês para o português, mas também do português para o francês, com Antônio Vieira e seu *Sermão de Nossa Senhora do Ó*, que poucos franceses, lacanianos ou não, sabem que existe, e cuja tradução Fernando e eu terminaremos um dia.

Essa prática de tradução, a maneira com que a pensamos e o prazer que experimentamos ao fazê-la perfazem uma só coisa. Pois é um prazer extremo jogar com as diferenças, percebê-las com dificuldade, depois colocá-las em plena consciência e fazer algo com elas. Nós nos submetemos à língua ao criá-la, um oxímoro mágico. O fato de muitos de nós sermos helenistas e/ou latinistas não é acidente. É a própria escola da submissão-criação, porque a beleza do que lemos nos leva a isso.

Tudo muda. Tudo começa. Tudo permanece por fazer.

ADVERTÊNCIA

Existem vários trabalhos essenciais sobre a tradução, desde a *Carta a Pamáquio*, de São Jerônimo, ao *A tarefa do tradutor*, de Walter Benjamin, passando pelos textos de Antoine Berman, Henri Meschonnic ou Umberto Eco. Este livro, que não existiria sem eles, em momento algum os responsabiliza diretamente. Tampouco oferece atualização sobre os temas apaixonantes ligados ao traduzir, como a história da própria noção de tradução, por exemplo. Ele acolhe esses *topoi* somente através de uma prática muito pessoal de helenista especializada em sofística, de idealizadora do *Dicionário dos intraduzíveis* e de escritora-filósofa curadora de uma exposição sobre a tradução, assunto talvez pouco visual a ser desvelado no sensível. Este livro é, então, um diário de bordo, talvez um diário de pensamento, que narra de maneira por vezes militante meus encontros de filósofa, ou melhor, de sofista, com a tradução.

ELOGIO DO GREGO
ABERTURA

> "Você se ocupa dos Gregos para não
> se ocupar dos Judeus."[1]
>
> JEAN-FRANÇOIS LYOTARD

> "Quando Aquiles chorou a morte de seu
> bem-amado Pátroclo e Clitemnestra cometeu
> seu crime, o que fazer dos aoristos gregos
> que ficam em nossas mãos?"
>
> EDWARD SAPIR,
> *Os gramáticos e sua língua*

Isso é grego... Isso é hebraico... Isso é chinês... Resumindo, não estou entendendo nada.

Cada língua acusa uma ou várias outras de serem radicalmente estrangeiras. Em árabe se acusa o persa ou o hindi. Em hindi, o tâmil. Em hebraico, o chinês. Em chinês, a escrita celestial.

Na Grécia antiga, aqueles que não falam grego são bárbaros, blá-blá-blá, não é possível entendê-los, talvez nem falem de verdade – não são homens "como nós".

No entanto é do *logos* grego, palavra bastante apropriada para indicar a pretensão ao universal – termo que os latinos traduzem por *ratio et oratio*, duas palavras por uma: "razão" e "discurso" –, que proponho partir para complicar o universal. É exatamente esse, em todos os sentidos do termo, meu "ponto de partida". É pegar ou largar.

---

1. Quando não houver nota com a referência da tradução para o português, essa tradução será de nossa responsabilidade, a partir da citação em francês apresentada pela autora. [N. dos T.]

Para escrever um elogio da tradução como a entendo, preciso antes fazer o elogio do grego. De fato, trata-se aqui também, ao menos, de uma defesa das humanidades. Uma homenagem àquilo que aprendi em grego e com o grego, e que é sem dúvida possível aprender com o chinês, o árabe ou o hebraico, mas que, para mim, seria infinitamente lamentável e simplesmente triste hoje em dia não ter os meios, aqui ("em nosso país"?), para aprender grego. Para todos, de um modo ou de outro, mas de modo pleno.

Não defendo nenhuma cultura nacional ou ocidental, muito menos uma cultura, a minha, mais do que outra. Falo da que, entre outras, mas como nenhuma outra, abriu meu espírito e afiou minha língua. E que solicito compartilhar. Solicito poder compartilhar melhor e não menos.

As "humanidades" sempre estiveram, como por definição, ameaçadas. Ameaçadas enquanto inúteis, elitistas, bourdieunamente distintas. De modo que tanto a direita quanto a esquerda se mostram reticentes em relação a isso, e se preconiza seguir com a cultura democrática de nosso tempo – democrática, ou seja, global. O global, como avatar contemporâneo do universal, só que pior. Precisamente: eu também quero e exijo seguir com a cultura democrática de nosso tempo. Com a cultura, com a democracia, com meu tempo, e por longo tempo, mas não adoto a definição precedente de democracia nem suas expectativas.

E o grego, as humanidades? Creio que as humanidades atualmente passaram da reação à resistência, e se tornam ou voltam a ser eficazes não como um entre-si, mas como um para-o-mundo, como uma arma.

Gostaria simplesmente de dizer como e por que eu quero o que quero. Como e por que este elogio do grego abre um elogio da tradução.

Comecemos pela utilidade do inútil: é claro, pois é fundamental para a pesquisa; hoje se chama "serendipidade", em homenagem aos príncipes viajantes[2] que encontraram no caminho aquilo que não procuravam, como Cristóvão Colombo encontrou a América ou Fleming a penicilina. Foi para favorecer esse gênero de achados imprevisíveis que Abraham Flexner quis fundar o *Institute for Advanced Study* de Princeton, que todo o mundo quer imitar. Um viva a essa surpresa, esse *kairos*, momento oportuno, ocasião, fenda no espaço e no tempo que produz *tykhē*, fortuna, sorte, no ponto de cruzamento de linhas de causalidade sem relação entre si, e que produz um acontecimento "como se" tivesse sido procurado, como se isso fosse tudo o que se buscava, como essa ponta da cornija que cai não por um acaso autômato e sem consequência, mas por sorte, com uma aparência de propósito, bem na cabeça do meu inimigo. Acho que você consegue ouvir que, estimulada pelo grego e pelo latim, recito meu Aristóteles. Afinal de contas não importa, talvez eu possa pensar em Serendip e Walpole...

Ora, a utilidade do inútil vai diretamente de encontro à avaliação tal como ela é praticada atualmente em todos os níveis "sérios" que servem para classificar e financiar. Classifica-se para eliminar da maneira mais objetiva, mais "democrática" possível. Mas esse tipo de avaliação (e onde se pratica outra?), que, grosso modo, faz da qualidade uma propriedade emergente da quantidade, evidentemente não leva em conta o inesperado, a

---

2. Louis de Mailly. *Les Aventures des trois princes de Serendip suivi de Voyage en Sérendipité*, dossiê crítico de D. Goy-Blanquet, M.-A. Paveau e A. Volpilhac. Vincennes: Thierry Marchaisse, 2011. Ver Nuccio Ordine, *L'Utilité de l'inutile. Manifeste, suivi d'un essai d'Abraham Flexner*. Paris: Les Belles Lettres, 2014.

base da curva de Gauss, a invenção. Daí é diagnosticada, até nas empresas, a desorganização do setor P&D, pesquisa e desenvolvimento, *isn't it*![3]

Permitam-me agora situar as coisas exatamente onde o Estado as coloca, com os desafios da reforma dos colégios, desafios com os quais concordo, com os quais todos os homens de boa vontade só podem concordar (todos? Atenção! Vejam as apostas da Unesco, o modo como são expressas e como o consenso se dá sob risco de língua de pau[4]).

O desafio maior é a trans- e a interdisciplinaridade: enfim, nem é preciso dizer. Basta das escadas da Sorbonne que não serão galgadas, basta daqueles que traduzem Parmênides ou Platão sem conhecer Homero, e um viva aos apropriadamente denominados *classics*, naturalmente pluridisciplinares, do mundo anglo-saxão.

Não me compete saber se a reforma pretendida terá ou não, nos próximos anos, os meios de que ela necessita para inventar as horas interdisciplinares e complementá-las com horas especiais nas quais se aprenderia verdadeiramente – um pouco, demasiado pouco? – o grego, por exemplo[5]. Quero argumentar de maneira positiva.

---

3. Ver *Derrière les grilles. Sortons du tout-évaluation*, org. Barbara Cassin. Paris: Mille et une nuits, 2014.

4. *Langue de bois*: figura de linguagem que trata de discursos, orais ou escritos, estereotipados, que tentam tirar o foco do assunto ao expressar-se num jargão vago e autorreferente, como acontece no discurso de alguns políticos, por exemplo. A expressão se origina na medicina veterinária e diz respeito a uma patologia bovina, na qual o animal tem a língua enrijecida; em português, a tradução mais comum é "língua de pau". [N. dos T.]

5. Os últimos dados informados pelo Ministério da Educação a respeito do latim são animadores: em 2015-2016, 20% dos alunos (156 mil) começaram a estudar latim na quinta série, 70% (550 mil) seguirão, neste ano letivo, um ensino prático interdisciplinar "Línguas e culturas da Antiguidade", e 403 mil estudantes, o mesmo número que o de lati-

A cultura existe, é muito importante, e não deve ser reservada a uma elite ou tratada como algo de acesso restrito. A cultura, tanto da paisagem como da alma, não é privilégio de uma civilização nem de uma nação. Existem *as* culturas. Temos de ensinar aquelas muito mais miscigenadas e complexas que nos têm patermaternalizado e as que destas diferem. Uma das maneiras menos "nacionalistas" de se fazer isso é ensinando línguas. O modo mais inteligente de ensinar línguas é não apenas falar ou fazer imersão, mas aprender a ler textos nessas línguas, textos que as singularizam e ilustram (com suas traduções, que, por sua vez, "ilustram", iluminam o vernáculo do tradutor), os belos textos, grandes e pequenos, que dão a cada língua sua força, sua inteligência, seu "gênio" – o impecável Schleiermacher dizia de um autor e sua língua: "Ele é o órgão dela e ela o dele".

Uma prática desse tipo é possível em árabe, em hebraico, em inglês etc. Todas as línguas são línguas "entre outras". As mais estrangeiras são aquelas com outra forma de escrita, elas o são mais visivelmente que outras. Acho uma pena que as crianças de nossas escolas primárias, colégios e liceus (meus filhos, por exemplo) nunca tenham sido confrontadas, digamos assim, com a escrita árabe ou chinesa, quando muitos de seus colegas de classe falam essas línguas. O que quero combater com isso é o aprendizado único do *globish*, o *global english*, uma língua que não é uma língua (não existem obras em *globish*, nada além de formulários de solicitação de financiamento) e que reduz as outras línguas, incluindo o bom e belo inglês preconizado pelo British Council, à condição de

---

nistas do ano anterior, seguirão um ensino complementar em latim, com um número fixo de escolas que ofereçam essa formação. Em breve voltarei a falar sobre os EPI, Ensinos Práticos Interdisciplinares.

dialetos de uso doméstico. O *globish* é uma língua de comunicação que é útil praticar, com ou sem Brexit, mas não é uma língua de cultura. *Globish* mais dialetos não é uma fórmula suficiente nem para a Europa nem para o mundo. Essa recusa resistente leva diretamente ao aprendizado da tradução ("A língua da Europa é a tradução", dizia Umberto Eco), ou seja, à passagem entre línguas, ao *savoir-faire* com as diferenças, lição que chamarei, para me encaixar e me apropriar das palavras-chave em voga, lição de "viver-junto". A tradução é um investimento para o futuro, no sentido nobre *e* no sentido financeiro. Inclusive no que concerne a uma parceria com a China ou a Índia, para as quais o francês é, provavelmente, o melhor portador de uma terceira cultura, diante das imensas culturas chinesa e sânscrita: a mediterrânea "humanista", *diferente* da anglo-saxônica, moldada pelo capitalismo e pela filosofia analítica dominante (soberana na Alemanha, nos países nórdicos e agora também na Itália). Sem falar da África e dos países – ainda um pouco – francófonos, cuja população cresce permanentemente e para os quais as grandes potências emergentes buscam a melhor via de acesso. Tampouco sem falar da América do Sul nem do Leste Europeu, em relação aos quais se deve poder inventar uma geopolítica linguística e tradutória ou tradutivista adaptada caso a caso[6].

"Mas por que você está fazendo Grego?", me perguntaram quando eu era jovem. Como você quando olha fotos dos seus avós: para ver que cara eu tenho – é o que

---

6. É preciso louvar o trabalho de instituições como o Centro Nacional do Livro (CNL), o Instituto Francês, a Delegação Geral da Língua Francesa e das Línguas da França (DGLFLF), que estão conscientes dessas questões e adaptam suas estratégias de ajuda, lamentavelmente, na medida de suas possibilidades.

ELOGIO DO GREGO

me lembro de ter respondido. O grego, como o latim, faz parte de nossa história, de nossa cultura, da formação de nossa língua, mesmo que eu desconfie desse "nós", que exclui alguns em prol de outros, e que eu tenha receio dos possessivos. Traduzir do grego me fez sentir e compreender as singularidades ofuscantes dessa língua através de textos de uma força pouco comum mas decisivamente variada, Homero, Parmênides, Górgias, Ésquilo, Platão, Eurípides, Aristóteles, Tucídides, Epiteto ou Cáriton, e gosto de compartilhar isso. Os textos gregos me ensinaram, ao mesmo tempo, o que é uma língua e o que é uma cultura: como os textos se constroem uns a partir dos outros, como uma massa folhada ou um palimpsesto. Não se trata de povo nem de nacionalismo: uma língua, como diz Derrida, não pertence... E Nietzsche: "A maldita alma popular! A língua grega e o povo grego! Quem os fará coincidir?"[7] Todos os textos que hoje frequentamos, e não apenas o *Ulisses* de Joyce, são textos que se entrelaçam com outros textos: isso é aprender a ler. Não se deve impedir, mas facilitar o acesso da maioria a essa espessura da língua e da cultura. Não há cultura sem os textos em língua original. É claro que não somos obrigados a conhecer todas as línguas, mas é preciso ao menos poder "farejar" ou "intuir" mais do que uma, *noein* em grego, um verbo que vale tanto para o cão de Ulisses como para o deus de Aristóteles. Daí a importância da tradução e dos livros bilíngues mais do que das aprendizagens inflexíveis – eu gosto do grego sem lágrimas. Adorei ensinar o grego para crianças que tinham dificuldades com o francês, embora esta fosse sua língua materna, pois foi passando pelo grego que eles compreenderam

---

7. Friedrich Nietzsche. *Œuvres*. Paris: Gallimard, I, 2, pp. 377-8. (Col. "Bibliotèque de la Pléiade"). [RSA 7, p. 645].

o "como" do francês e que esta língua poderia ser, de fato, a deles. Eles começaram a gostar de Mallarmé a partir de Platão.

A cultura é, então, um palimpsesto. O próprio Google fala à maneira de Bernard de Chartres, a propósito do Google Scholar, de um anão içado nos ombros de gigantes. Eca! e sim. Ou melhor, sim, mas eca! É preciso tomar isso literalmente para conseguir subir nos ombros e, desse modo, deixar de ser um anão. Um ou alguns cliques não serão suficientes. Acredito, ou melhor, estou certa de que preciso saber ler. Cada texto é um texto de textos, e lerá bem quem ler por último. Veja estes exemplos: Parmênides, o pai e "o primeiro a" (diz Platão), escreve com Homero, um nome conhecido mesmo por aqueles que não veem o mesmo céu; é assim que ele transforma o *mythos*, mito e enredo da epopeia, em *logos*, discurso da razão. E Górgias, quando dinamita a tranquila segurança da fenomenologia e da ontologia – querer dizer o que é como é –, deve, para catastrofizá-las, fazer fluir suas palavras e sua sintaxe nas palavras e na sintaxe que as fazem reinar. Como se colocam passos sobre pegadas, suas palavras são colocadas sobre as palavras de... As operações de cultura e de pensamento são operações de línguas, geralmente tornadas textos. Privar-nos da possibilidade de compreender e de sentir isso por dentro é privar-nos de toda continuação, de todas as continuações, de todas as bifurcações e conexões, privar-nos de tudo. Nós: quero dizer todos nós. Há várias maneiras de ter acesso, mas é preciso ao menos uma delas, como é preciso ter, ou ter tido, ao menos um bom professor para se interessar por qualquer coisa. Devemos abrir essa via de acesso a todos em vez de contabilizá-la como fechada e elitista.

Então: concordo com a interdisciplinaridade.
Concordo com o acompanhamento personalizado.

Concordo com o ensino laico do fato religioso.
Tudo isso, se for bem feito.
Discordo, e discordo totalmente, de que um EPI (seria o ensino prático interdisciplinar uma nutritiva "espiga" [*épi*]?), definido como algo que permite

> construir e aprofundar conhecimentos e competências por uma abordagem que conduz a uma realização concreta, individual ou coletiva[8],

tenha qualquer sentido na disciplina "línguas e culturas da Antiguidade", exceto para apostar na inventividade benevolente de professores competentes desejosos de fazer algo totalmente diferente, e sobretudo sem o pseudoconcreto em língua de pau. Admitamos que as "línguas e culturas antigas" sejam uma "espiga" pejorativa, um verdadeiro abacaxi alienígena. Desejemos sobretudo que os "complementos" sejam efetivamente implementados, pois desta vez o "programa de ensino complementar de línguas e culturas antigas no 4º ciclo"[9] tem expectativas perfeitas que dão vontade de ensinar: "O conhecimento que os alunos adquirem da Antiguidade se fundamenta, primeiro, no estudo de textos autênticos, que devem ser lidos em latim e em grego, mas igualmente, de maneira corrente, em tradução, assim como no estudo de obras de arte e de vestígios arqueológicos. Ele também se nutre de obras que a Antiguidade inspirou ao longo do tempo."[10]

---

8. Disponível em: https://www.legifrance.gouv.fr/loda/id/JORFTEXT000030613339.

9. Compreende do 7º ao 9º ano do Ensino Fundamental II brasileiro.

10. Disponível em: https://www.education.gouv.fr/bo/16/Hebdo11/MENE1603 855A.htm.

Para dizer a verdade, não é a intenção, que é boa, mas o vocabulário estrutural das EPI[11] que está defasado e definitivamente *démodé*, nem mais nem menos, infelizmente, do que as temáticas cativas, desesperadamente idênticas em todos os organismos, politicamente corretas e pseudo-*up to date*, das chamadas e editais atualmente incontornáveis para a obtenção de uma bolsa de pesquisa, da Europa à Agência Nacional de Pesquisa (é assim que ela se chama ainda, a desacreditada?) – tendo como gargalo apenas a vagueza e a generalidade expostas na redação totalmente administrativa dos itens e o pulmão raquítico das chamadas "universais", também caso a caso e por tempo determinado, como os CDD[12].

Eu me lembro, e com boa dose de ressentimento, de ter pedido auxílio europeu para o *Dicionário dos intraduzíveis. Um vocabulário das filosofias* e de terem me respondido: "Tradução? Damos auxílio apenas para tradução assistida por computador." A Europa não estava errada, é promissor e mesmo diabolicamente interessante, mas, justamente, o diabo está nos detalhes: seria necessário ao menos também dar auxílio ao livro que queria compreender como "a língua da Europa é a tradução". Não fazê-lo era um erro ainda mais grave por ser evidente para os tomadores de decisões, banal como uma palavra-chave, como um elemento de linguagem – e, quando

---

11. Cada ensino prático interdisciplinar contempla uma das seguintes temáticas interdisciplinares: *a)* corpo, saúde, bem-estar e segurança; *b)* cultura e criação artística; *c)* transição ecológica e desenvolvimento sustentável; *d)* informação, comunicação, cidadania; *e)* línguas e culturas da Antiguidade; *f)* línguas e culturas estrangeiras ou, se for o caso, regionais; *g)* mundo econômico e profissional; *h)* ciências, tecnologia e sociedade.

12. CDD: contrato de trabalho por tempo determinado ou temporário. [N. dos T.]

digo "banal", penso sempre na "banalidade do mal", da mecânica aplicada aos seres vivos, definição bergsoniana do rir aplicável a Eichmann, que Arendt percebia de fato como um *clown*.

Quanto a mim, aprendi em todos os sentidos: aprendendo grego, um bocadinho de muito grego, e aprendendo a partir dele; então aprendi com o grego o que é uma língua e o que é uma cultura, os dois juntos por meio da leitura dos textos nessa língua – estabelecimento, explicação, contextualização, interpretação, tendo a tradução como arremate da interpretação e da performance de linguagem.

Duas linhas de força foram pouco a pouco se definindo, e me serviram para forjar instrumentos para a tradução como teoria e como prática: a homonímia e a sofística. As duas estão ligadas. O jogo com os equívocos é o que torna os textos sofísticos insuportáveis aos filósofos normais. Para Aristóteles, é mesmo algo como o mal radical da linguagem, ele precisou inventar sem parar novas palavras para que não se confundissem mais as coisas e para que pudéssemos continuar a filosofar, desembaraçando, por exemplo, a "essência" da "existência", como traduzirá a inventiva latinidade. É preciso proibir que se lucre com a escassez de palavras para que se argumente como bem se entende. No entanto, quando se toma outro ponto de vista, o ponto de vista daquele que escuta ou daquele que fala prestando atenção "àquilo que há nos sons da voz e nas palavras", o equívoco é por demais significativo e útil, operante, vibrante. Uma língua difere de outra e se singulariza pelos seus equívocos, a diversidade das línguas se deixa perceber pelos sintomas, as homonímias semânticas e sintáticas. Essas desordens, essas confusões, essas auras de sentido, que tornam as traduções difíceis e que eu chamo de "intraduzíveis" (não aquilo que não se traduz, mas aquilo que não se cessa de – não – traduzir), são as impressões digitais das línguas. Mal radical e/ou condição da diversidade? O valor muda drasticamente a depender se acreditamos em Aristóteles e na grande tradição filosófica ou em Lacan, com Protágoras e Humboldt na manga.

É essa mudança de ponto de vista, em função da minha experiência com o grego e com os autores gregos, que me leva a praticar a ginástica do "entre" e a complicar o universal.

ELOGIO DA TRADUÇÃO

CAPÍTULO 1
ELOGIO DOS INTRADUZÍVEIS

> "O que quer dizer metalíngua senão tradução? Não se pode falar de uma língua senão em outra língua."
>
> Jacques Lacan,
> *L'insu que sait de l'une-bévue s'aile à mourre*

> "Se penso numa língua e escrevo 'o cão corre atrás da lebre no bosque' e quero traduzir para outra, devo dizer 'a mesa de madeira branca força as patas na areia e quase morre de medo de se ver tola'."
>
> Pablo Picasso,
> 28 de outubro de 1935

Após Babel, com alegria

O *Dicionário dos intraduzíveis* hoje tem pouco mais de dez anos[1], idade da razão. Acredito que (ao que me parece, dizem-me) esse livro improvável mudou as coisas não apenas em relação ao lugar da tradução na filosofia, mas, mais amplamente, também em relação à ideia de tradução e à sua prática. É da narrativa dessa experiência que desejo partir.

De maneira senão um pouco previsível, ao menos prevista, a obra é um sucesso de vendas. O que me alegra em especial é que o gesto que ela constitui me escapa – não sei até que ponto se deveria celebrar, mas o *Dictionary*

---

1. A edição francesa é de 2004. No Brasil, o primeiro volume do dicionário, *Dicionário dos intraduzíveis – V. 1 (Línguas)*, org. Fernando Santoro e Luísa Buarque, foi publicado pela Editora Autêntica em 2018. Mais três volumes estão em preparação e serão publicados pela mesma editora, completando o trabalho do volume original. [N. dos T.]

of Untranslatables[2] foi recomendado pelo *Wall Street Journal* e vendeu em seis meses pouco mais que na França em seis anos[3]. Adoro que esse livro seja, a princípio, como a Europa à qual fazíamos votos mas que mal aconteceu, um gesto, uma *energeia*, uma energia como a língua e as línguas, e não um *ergon*, uma obra fechada, voltada para si mesma.

Nos anos 1990-1995, havia conseguido a convicção do editor francês ao apresentar a obra vindoura como "o Lalande do ano 2000". O Lalande, esse *Vocabulaire technique et critique de la philosophie*, que data de 1926 e está em sua vigésima edição, visa erradicar o "charlatanismo filosófico" por meio de "definições semânticas" para melhor evitar os sofismas[4]. Lalande mira bem, bem no contrário do meu próprio ponto de partida. Ele cita Lewis Carroll, o mesmo diálogo entre Alice e Humpty Dumpty que Deleuze costuma citar ("'Quando eu uso uma palavra', disse Humpty Dumpty num tom bastante desdenhoso, 'ela significa exatamente o que quero que signifique: nem mais nem menos.' 'A questão é', disse Alice, 'se pode fazer as palavras significarem tantas coisas diferentes.' 'A questão', disse Humpty Dumpty, 'é saber quem vai mandar – só isto.'"[5]) e se decide a favor de uma norma normal firmemente fechada.

---

2. *Dictionary of Untranslatables – A Philosophical Lexicon*. Trad. E. Apter, J. Lezra e M. Wood. Princeton: Princeton University Press, 2014.

3. É fato que, em se tratando de negócios, a Princeton University Press, mesmo com os gastos com tradução, decidiu comercializá-lo duas vezes mais barato do que o das Éditions du Seuil.

4. André Lalande. *Vocabulaire technique et critique de la philosophie*. Paris: PUF, 1997 (Col. "Quadrige"). "Prefácio", p. XIII.

5. Lewis Carroll. *Through the Looking Glass*. New York: Collins Classics, 2010, p. 246, citado por Lalande nesse mesmo "Prefácio". [Trad. bras. *Alice: Aventuras de Alice no País das Maravilhas* e *Através do espelho e o que Alice encontrou por lá*. Trad. Maria Luiza X. de A. Borges. Rio de Janeiro: Zahar, 2002.]

No entanto nós mudamos de século na filosofia. Não procuramos fixar – na esteira do *ido*, esperanto filosófico e língua auxiliar internacional almejada por Couturat, editor de Leibniz e revisor do Lalande – um estado normativo da disciplina, ligado a uma história robusta mais ou menos linear de grandes conceitos dessa tradição que é bem necessário chamar "nossa" e que, sob a égide ou sob ordens da Sociedade Francesa de Filosofia, visava o universal da verdade que se encontra sob a "anarquia da linguagem"[6]. Provou-se, ao contrário, que se trata, com esse trabalho verdadeiramente coletivo (éramos 150, companheiros de percurso e amigos, durante mais de dez anos), de outro gênero, não arbitrário, mas sim de liberdade e de prática filosóficas, ao mesmo tempo mais transversais e mais diversificadas, ligadas às palavras, às palavras em línguas. Após Babel, com alegria! Trata-se de escutar e de fazer escutar que se filosofa em línguas: como se fala, como se escreve e – aí está a questão – como se pensa. Em palavras, com palavras que diferem de acordo com as línguas, não apenas pelo som, mas também pelo sentido, como racionalmente pretendido (ou pretensamente racional), digamos: universal-conceitual.

Nunca me deparei com a linguagem, só me deparei com línguas. "A linguagem se manifesta na realidade apenas como diversidade"[7], escreve Humboldt. Desde

---

6. Ver Jean-François Courtine. "Le 'Lalande' du XXIe siècle?", em "Europe/non-Europe". *Agenda de la pensée contemporaine*, org. François Jullien. Paris: PUF, 2005.

7. Wilhelm von Humboldt. "Über die Verschiedenheit des menschlichen Sprachbaues und ihren Einfluss auf die geistige Entwicklung des Menschengeschlechts (1836)", em *Gesammelte Schriften* (*GS*), org. A. Leitzmann *et al*. Berlim: Behr, 1903-1936, v. VI, p. 240. (Ver trechos traduzidos para o francês na fascinante coletânea de Pierre Caussat,

Platão, diz-se que esse tipo de afirmação é sinal de que somos impermeáveis à Ideia, primeiramente à do Bem ou à da Verdade, e, desde Aristóteles, de que resistimos ao universal e ao conceito, até mesmo o de Cão, induzido experimentalmente a partir dos buldogues e bassês encontrados; em resumo, de que desconfiamos do Uno e de seus avatares em maiúscula. Hoje, ou melhor, como diria Humboldt, "na realidade", nós deveríamos, nós devemos, nós temos o dever de passar ao plural. Afirmaria de bom grado que o plural de "linguagem" é "línguas"; e digo que falo isso em francês, pois, em inglês, o plural de *language* é *languages*, e só a Bíblia pode se permitir *speak in tongues*[8].

Precisamos, hoje e na realidade, pensar em termos de línguas e tentar pensar em línguas.

É certo que isso põe em xeque certo número de posicionamentos filosóficos fortes. Para tornar compreensível como helenista, eu diria: é preciso consentir em ser não grego; ou pior: em ser bárbaro. Farei, então, ao mesmo tempo um elogio do plural, da barbárie na filosofia e de certa *French Theory*.

Contra a patologia do universal: é melhor ser bárbaro?

O alfa e ômega do grego como língua-e-como pensamento, como pensamento-em-língua, deixa-se perceber

---

Dariusz Adamski e Marc Crépon. *La Langue source de la nation. Messianismes séculiers en Europe centrale et orientale du XVIIIe au XXe siècle*. Paris: Mardaga, 1996, pp. 449-59.)

8. Ver o artigo "Langue" do *Vocabulaire européen des philosophies. Dictionnaire des intraduisibles*. Paris: Seuil-Robert, 2004. Comparar com o artigo *"Logos"*.

e designar adequadamente sob o termo *logos*. *Logos* designa a escolha, a recolha, o buquê que reúne: o pôr em relação e a relação entre as relações, com a proporção, a analogia como chave de todas as abóbadas. A palavra diz em conjunto e amarra, num copertencimento inquestionável (mágica como truque de prestidigitação ou como performance), a linguagem e o pensamento, mas faz isso sob a forma de uma língua singular que se diz e se pensa como universal, isto é, a língua grega. É possível maravilhar-se como filósofo: "A língua grega e somente ela é *logos*", diz Heidegger; o privilégio do grego está em que, "na palavra grega ouvida por um ouvido grego, estamos diretamente na presença da própria coisa"; ainda, acrescenta ele, não se trata de um investimento extrínseco à língua pela filosofia, mas sim da própria língua, que filosofa "como língua e como configuração linguística"[9]. Podemos também desconfiar disso como historiadores: os gregos, diz Arnaldo Momigliano, são "orgulhosamente monolíngues"[10], e assim a polissemia do termo *logos* pode dispensá-los de distinguir discursividade e racionalidade, bem como de fazer a diferença entre a língua que falam e a linguagem como algo próprio do homem. Os gregos, então, em vez de falar sua língua, deixam sua língua falar por eles.

Sugiro tirar disso duas consequências para nós em relação à barbárie e à tradução.

---

9. Martin Heidegger. *A essência da liberdade humana:* introdução à filosofia. Trad. Marco Antonio Casanova. Rio de Janeiro: Via Verita, 2021, p. 70. Comento a continuação trágica dessa frase abaixo, p. 30.

10. Arnaldo Momigliano, *Sagesses barbares. Les limites de l'hellénisation*. Trad. M.-C. Roussel. Paris: Maspero, 1979. Ver a resenha de François Hartog: "Por que os gregos nunca tiveram a ideia de aprender línguas estrangeiras? Como foi que a questão [...] não foi nem sequer jamais colocada?", em *Annales. Économies, Sociétés, Civilisations*, v. 35, n. 5, 1980, pp. 932-4.

A primeira consequência é a amplitude, sem dúvida – é preciso dizer – intolerável, da própria noção de "bárbaro", evidentemente complementar à de *logos*. Porque o *logos* instaura, assim como o sentido, um tudo ou nada: todo homem é dotado de *logos*, "se é um homem". É essa universalidade que assinala a ruptura *hellēnizein/barbarizein*: quem heleniza fala grego, fala corretamente, é culto, pensa bem, ou seja, fala-e-pensa como um homem, como você e eu, enfim, *legei* apenas. O outro, que não heleniza, é um "bárbaro".

De fato, há em grego duas categorias "duvidosas" que passam da fronteira do território, uma questão de geografia política, para algo como um limite de definição (*horos*, mesma palavra para "montanha", "fronteira" e "definição") do humano: o bárbaro e o escravo. O "bárbaro" se opõe ao heleno, ao grego, e o "escravo" se opõe ao homem livre. Essas duas categorias se encontram numa coincidência problemática. Elas convêm muito bem, melhor em todo caso, a esses outros por excelência, que são os persas para os gregos. Aristóteles se apoia sobre o fato de que o Império Persa é precisamente um "império", não uma cidade: todos os povos e todos os indivíduos do império estão submetidos ao Grande Rei como escravos ao seu senhor, são "homens de um outro". "Os bárbaros são por natureza mais escravos que os gregos", escreve ele em sua *Política*[11] – e o eco de Aristóteles não para de ser ouvido, de Hegel a Sarkozy, sobre essa África que ainda não teria entrado na História. Aristóteles, no cúmulo da *political incorrectness*, insiste: "Entre os bárbaros, a mulher e o escravo têm o mesmo estatuto. A razão é que eles não têm o lado que comanda por natureza, o lado

---

11. Aristóteles, *Política*, III, 1285 a 20.

hegemônico, e sua comunidade é apenas a de uma escrava e a de um escravo. Assim os poetas dizem: 'No bárbaro, o heleno tem o direito de mandar', como se por natureza bárbaro e escravo fossem a mesma coisa"[12].

O que é exatamente um "bárbaro"? Blá-blá-blá, *balbus* ("gago"), Babel, balbucio. O que se ouve: uma onomatopeia para designar a confusão de uma língua que não se entende. Um bárbaro é alguém sobre quem não temos certeza se fala. E, posto que um homem é definido como um "animal dotado de *logos*", será ele verdadeiramente um homem? Os latinos traduzem perfeitamente *logos* por *ratio et oratio*, "razão e discurso": no mesmo termo grego, encontram-se em conjunto a maneira pela qual se fala, no caso, a língua grega, e a razão. Nessa mistura língua-linguagem-razão, falar é "falar como eu", ser um homem é ser "um homem como eu". Aqui nós tocamos na patologia do universal. O universal é sempre o universal de alguém. E por isso desconfio tanto dele.

Não há por que se enganar sobre o elogio de Atenas que Platão atribui a Aspásia, a senhora (em todos os sentidos do termo) de Péricles, no *Menêxeno* – são propostas dignas do Front National[13]:

> Assim, o nascimento nobre e a liberdade de nossa cidade estão firmes e saudáveis e, por natureza, cheios de ódio aos bárbaros, porque somos gregos puros, sem mistura com bárbaros. Pois Pélops, Cadmo, Egito, Dânao ou outro, por natureza bárbaros, mas por lei gregos, não partilham da nossa vida: vivemos como gregos autênticos,

---

12. *Ibid.*, I, 1252 b 7-9.
13. Hoje chamado Rassemblement National, trata-se de um partido político francês de extrema direita, conservador e nacionalista. [N. dos T.]

sem mistura de sangue bárbaro, e por isso o ódio puro à natureza estrangeira é constitutivo da nossa cidade.[14]

Ainda que o helenismo seja conquistado pela cultura, supondo, com Isócrates e contra Aspásia, que não se nasce para sempre e todo o sempre bárbaro, será preciso falar grego para ser um homem de verdade. O último traço da barbárie é lido mesmo no sofista Antifonte, que define de maneira realmente revolucionária (chamam-no "anarquista") que "por natureza, todos nós, ao todo, da mesma maneira, somos naturalmente tanto bárbaros quanto gregos"[15]. Na realidade, ele forja e utiliza o verbo "barbarizar" para designar esse não respeito ao Outro, que ele critica, praticado pelos gregos: assim, "barbarizamos" quando pensamos que o Outro é um bárbaro. Diria eu que helenizamos...

A essa mesma conclusão chegamos quando partimos não mais do "bárbaro", mas do "escravo". O que é exatamente um "escravo"? Um escravo, ao menos um "escravo por natureza", não um guerreiro cativo, diz Aristóteles, é um "objeto de propriedade animada"[16], isto é, um instrumento, um utensílio ou um órgão – a palavra grega *organon* significa essas três coisas – que sabe se servir de outros instrumentos, da mesma forma que a mão, o próprio "utensílio dos utensílios" e "órgão dos órgãos", sabe se servir de outros utensílios. Um escravo não é ape-

---

14. Platão, *Menexeno*, 245 c 5-d 5.
15. Antifonte, *Sobre a verdade*, POxy 1364 + 3647, A, col. II. Encontra-se uma tradução em Barbara Cassin. *O efeito sofístico*. Trad. Ana Lúcia de Oliveira, Maria Cristina Franco Ferraz e Paulo Pinheiro. São Paulo: Ed. 34, 2005, pp. 303-9. Ver, enfim: "Barbariser/barbare", em *Aglaïa, Autour de Platon. Mélanges offerts à Monique Dixsaut*, org. A. Brancacci, D. El Murr e D. Taormina. Paris: Vrin, 2010, pp. 201-9.
16. Cito e comento aqui o capítulo 4 do livro I da *Política*.

nas o escravo de um senhor, é "o homem de um outro", um objeto voltado à ação prática, e dispensável. Evidentemente, ouso dizer, Aristóteles expõe dúvidas razoáveis: não há realmente escravos por natureza? Os escravos que estão entre nós – nós, atenienses do século IV a.C. – são escravos por natureza? O homem de um outro não é, acima de tudo, um homem? Podemos falar com ele, repreendê-lo; ele em geral é capaz de entender, ao menos como uma criança, até mesmo como uma mulher. Em suma, os escravos não existem apenas porque precisamos deles? Se as lançadeiras tecessem sozinhas e os plectros tocassem cítara, os mestres, então, não precisariam de mão de obra nem de escravos – Marx leu Aristóteles de maneira magnífica. Contudo a relação entre o escravo e o estrangeiro está de novo inscrita em nossas palavras. Émile Benveniste, no *Vocabulário das instituições indo-europeias*, mostra-o com sua habitual precisão: "Necessariamente estrangeiro, o escravo tem, nas línguas indo-europeias, mesmo as modernas, ou um nome estrangeiro [...] ou um nome de estrangeiro"[17]. Assim, cada língua empresta de outra a designação do escravo: *doulos*, em grego, vem de uma língua da Ásia Menor; *seruus*, em latim, é uma palavra etrusca; "escravo" é eslavo; *wealth*, do anglo-saxão, é de origem celta – um povo designa o escravo pelo nome de um povo vizinho. Bárbaro, berbere...

Nós herdamos essa ligação entre bárbaro, estrangeiro e escravo. Portanto, você terá que falar como eu para ser um homem (de verdade). Veremos com a homonímia a que ponto esse "como eu" está relacionado à moldura aristotélica do *logos*, a seu enraizamento no que proponho chamar de ontologia fundamental da verdade, da

---

17. Émile Benveniste. *Vocabulaire des institutions indo-européennes*. Paris: Minuit, 1969, t. I, cap. 5, p. 355.

qual somos herdeiros também, como da natureza. Uma natureza que determina a natureza humana, evidentemente "universal".

De outro lugar: *uma* língua e não *a* língua

A segunda consequência da universalidade patológica do *logos* é a importância – e é necessário dizer, sem dúvida, incontornável – da tradução.

O sentido, ou melhor, o impacto do sentido de *logos* se deixa apreender apenas de outro lugar: do latim, antes de tudo, que escolheu, com Cícero, traduzi-lo por um jogo de palavras fabulosamente inventivo: *ratio et oratio*[18]. São necessárias, na maioria das vezes, muitas palavras para se dizer uma palavra de outro lugar (busquemos *logos* num dicionário de grego antigo e acharemos uma vastidão de equivalentes: "discurso, linguagem, língua, fala, racionalidade, razão, inteligência, fundamento, motivo, proporção, cálculo, conta, valor, relacionamento, relação, narrativa, tese, raciocínio, argumento, explicação, enunciado, proposição, definição, termo" etc.). São necessárias duas línguas para falar uma e saber que o que falamos é uma língua, porque são necessárias duas línguas para traduzir. Como Antoine Berman demonstrou com grande precisão, a própria ideia de língua se desenvolve apenas com o latim, *patrius sermo*, condição da apropriação do estrangeiro e "albergue desse longínquo" que se torna, então, o grego. Virgílio não se engana quando, bem no fim da *Eneida*, descreve a maneira pela qual

---

18. Cícero. *De inuentione*, I, 2; *De officiis*, I, 50; ver o artigo *"Logos"* do *Dictionnaire, op. cit.*

Júpiter aplaca a cólera de Juno: os troianos adotarão o *patrius sermo* dos ausônios, e "farei que todos, desde já latinos, tenham apenas uma única boca"[19]. O sucesso do imperialismo de Roma se dá, portanto, pela sua maneira de incluir a alteridade no lugar do *logos*, de inscrevê-la efetivamente em cidadãos trilíngues, o latim para a política, o grego para a cultura, além do vernáculo maternal, ou grau zero da língua própria de cada um.

O que a tradução deve nos fazer sentir e experimentar de imediato, por meio da discordância das redes terminológicas e sintáticas, é a força e a inteligência da diferença das línguas. Com a tradução, o "mais de uma língua" de Jacques Derrida (que, como veremos, é como ele define seu próprio método na filosofia) se torna a condição transcendental da humanidade do homem no lugar do *logos* grego, ao qual convém, por outro lado, a expressão que Lacan forja para a mulher, "a/uma" língua. O *logos* grego, como a/uma mulher, crê-se único enquanto é "não tudo". Esse universal exclusivo é identitário contra a própria vontade, sem ciência dessa vontade.

Falar *uma* língua, então, e não falar *a* língua. O poder universalizante do *logos* está, portanto, ligado ao que "nós" mais amamos, uma racionalidade compartilhada portadora de paz, mais próxima da característica universal de Leibniz, que tenta, de forma genial porém desesperada, elaborar sua formalização matemática: "Quando surgirem controvérsias, não haverá necessidade maior de discussão entre dois filósofos do que há entre duas calculadoras. Na verdade, bastará que peguem sua pena, que se sentem à mesa e que digam um ao outro (depois

---

19. Virgílio. *Eneida*, XII, 837: *Faciam omnis uno ore Latinos*. Ver: Florence Dupont. *Rome, la ville sans origine*. Paris: Gallimard, 2011, e meu comentário em: *La Nostalgie*. Paris: Autrement, 2013, cap. 2.

de terem chamado, se quiserem, um amigo): *calculemus*, calculemos."[20] Essas línguas se inventam quase simultaneamente como linguagens formais e como tentativas empíricas. Assim, o fracasso leibniziano é substituído pela tentativa de Frege de conseguir algo da ordem da característica por meio da "ideografia" e de libertar o pensamento, assim como usamos o vento para ir contra o vento, por meio de signos e da invenção de uma língua[21]; produzem-se, ao mesmo tempo, *ersätze* pragmáticos, como o esperanto de Zamenhof (o projeto de *língua internacional* data de 1887), defendido precisamente por Couturat, o grande editor de Leibniz; esperanto, língua materna de (quase) ninguém, feita para todos, mas ah, quão exclusivamente fabricada ao modo indo-europeu, tão nosso – "desesperanto", nas palavras de Michel Deguy[22]. É inútil

---

20. G. W. Leibniz, org. Gerhardt, t. VII, p. 1980.
21. Ver a *Begriffsschrift* de 1879, *Idéographie*. Trad. C. Besson, posfácio de J. Barnes. Paris: Vrin, 1999; e o artigo "Que la science justifie le recours à une idéographie", em *Zeitschrift für Philosophie und philosophische Kritik* (81), 1882. Trad. C. Imbert, em *Écrits logiques et philosophiques*. Paris: Seuil, 1971, pp. 63-9.
22. Não nos livramos assim, e não por uma nota de rodapé, do esperanto; aqueles que dão conferências sobre tradução sabem muito bem disso, aqueles que veem, ao final, levantar-se a mão de um militante esperantista. Entretanto, após ter relido Edward Sapir, "La fonction d'une langue internationale auxiliaire" (1931), em *Linguistique*. Trad. J.-É. Boltanski e N. Soulé-Susbielles. Paris: Gallimard, 1991, pp. 99-115, colocaria as coisas assim: temos que escolher se continuamos querendo uma única língua, entre, por um lado, uma criação artificial destinada a uma analítica geral; e, por outro lado, a densidade de qualquer língua, desde que carregada de discursos e textos; melhor: ou acreditamos na gramática universal ou acreditamos na literatura. Pessoalmente, acredito mais na literatura, ainda mais porque o triunfo do esperanto como língua internacional, visto pelo honesto Sapir, não me parece muito atraente: "Não é impossível que, em longo prazo, o triunfo do movimento por uma língua internacional se deva muito à indiferença de um

rever aqui a história das línguas unas, línguas do paraíso, línguas perfeitas, línguas maternas, e, pelo lado do real, línguas de impérios por motivos vários (grego *koinē*, latim de Roma, latim da Igreja, francês por um breve tempo, inglês hoje, e o futuro está em aberto…)[23].

Mesmo quando elas têm uma intenção boa formalizada pela moral kantiana, mais próxima das Luzes, que valem precisamente, de modo idêntico, em todo homem e para todo homem, mesmo então, aos olhos dos bárbaros que "nós" também somos, seu universal transborda de uma ideologia que eu chamaria de "humanista" no pior sentido do termo, seja colonial, seja pós-colonial, ou até des-colonial. A esse respeito, parece-me não desleal, mas, pelo contrário, muito esclarecedor, recordar com Roland Schaer[24] a aula inaugural de Renan no Collège de France (1862): "Atualmente, a condição essencial para que a civilização europeia se difunda é a destruição da coisa semita por excelência, a destruição do poder teocrático do islamismo e, consequentemente, a destruição do islamismo."

Um universal produzido que apaga por si só qualquer meio de ver que ele foi produzido – esta é, a meu

---

indiano ou de um chinês com relação ao que os europeus consideram como direitos adquiridos (ainda que – como é infinitamente provável – o vocabulário de base dessa língua internacional seja de origem europeia)" (este trecho na p. 113).

23. Refiro-me a: Maurice Olender. *Les Langues du Paradis*. Paris: Seuil, 1989, 2. ed. revista e ampliada, 2002; Umberto Eco. *A busca da língua perfeita na cultura europeia*. Trad. Antonio Angonese. São Paulo: Ed. Unesp, 2018; Jean-Paul Demoule. *Mais où sont passés les Indo-Européens?* Paris: Seuil, 2014; Pascale Casanova. *A língua mundial: tradução e dominação*. Trad. Marie-Hélène Catherine Torres. Brasília: Ed. UnB; Florianópolis: Ed. UFSC, 2021.

24. Roland Schaer. "Du sujet qui pense au sujet qui parle", no catálogo da exposição "Après Babel, traduire". Arles: Actes Sud, 2016.

ver, a definição mais forte de ideologia. De fato, é o universal de boa parte do Ocidente filosófico, do Ocidente simplesmente, ligado a este homem-universal cuja mera problemática de "gênero" já nos ensina a desconfiar. Meu universal contra o seu, mas vou lhe provar que o seu não existe e que é, de todo modo, menos universal que o meu.

É melhor ser sofista?

Entretanto (este é o ponto de vista de uma helenista...) o grego, com seu funcionamento, suas formas de ser uma língua, que a sofística nos força a apreender, permite um confronto notável com a questão concreta da tradução. O grego? Não é absurdo que uma língua que se imagina *logos*, ou seja, tudo menos uma língua entre outras, a/uma língua universal dos gregos orgulhosamente monolíngues, ofereça essa oportunidade?

De modo algum! Evidentemente, é quando uma língua se desdobra, se explora, se inventa em textos grandiosos e subterrâneos que ela nos obriga a considerá-la como uma língua, e não como um simples vetor de comunicação; é aí que ela para e, como nenhuma outra, exige que trabalhemos e retrabalhemos loucamente estas outras línguas – indígenas, bárbaras, vernáculas, afinal – que se medem por ela para traduzi-la. Não pararemos, como no *Dicionário dos intraduzíveis*, de criar atrito com Heidegger, sua percepção da língua grega e sua concepção da língua, essa *Sprache* que *spricht* enraizada num povo e modelo de enraizamento, mas para nos afastarmos radicalmente dele na mesma hora. Para mudar de direção. Bárbaros nós seremos, ambiciosamente.

A sofística está aqui para nos ajudar. Nietzsche não tinha tanta certeza de que ela fosse bem grega, grega de verdade ou de pleno *logos* (já no caso de Sócrates isso não estaria tão claro, ele que foi condenado sob as acusações imputadas por Platão aos sofistas?). A sofística, de fato, é um surpreendente ponto de entrada para a tradução, pois ela nos faz notar tudo. Ela põe à distância a língua, digamos, "natural"; vai contra sua tendência "normal", a da percepção, do filósofo natural, do fenomenólogo, do ontólogo, que diz o que vê com as palavras e a sintaxe predicativa, descreve o mundo em sua verdade, age como se a percepção, o discurso, a adequação fossem evidentes, mas faz uso, sem saber ou sem dizer, do que sua singularidade-língua lhe traz. A sofística torna tudo isso visível com crueza, mostra como se joga com a língua, recriando-a por sua vez.

Qual perspectiva a sofística grega oferece precisamente sobre a diversidade das línguas? É muito simples – ou ao menos penso que posso tornar simples.

Ou se parte das coisas. Ou se parte das palavras.

De um lado, a ontologia, ou seja, desde o *Poema* de Parmênides, a posição de *esti*, "é", e ainda "há", "há o ser", *es gibt*. No *Poema*, magistralmente lido por Heidegger, o ser, o pensar e o dizer se entrepertencem. O homem é o "pastor do Ser": ele se encarrega de dizer o ser fielmente, logo adequadamente. Logo, quando saímos do "pensamento" para entrar na "metafísica", com Platão e Aristóteles, portanto o mais comum até nossos dias, podemos descrever as coisas assim: a língua se torna um *organon*, um instrumento, um meio de comunicação, e as línguas, como Sócrates diz no *Crátilo*, são simplesmente os diferentes materiais que podem ser usados para fabricar mais ou menos bem esse instrumento, invólucro da ideia, de certa maneira. Por isso, exorta Platão, devemos partir das coisas, do que é, e não das palavras²⁵. Nessa perspectiva, traduzir é comunicar a coisa sob as palavras o mais rápido possível, produzir a unidade do ser sob a diferença das línguas, reduzir o múltiplo ao um: a tradução é, então, o que Schleiermacher chama *dolmetschen*, um simples *truchement* ["interpretação"]²⁶. Seja o que for, dos pré-socráticos a Heidegger, a grande tradição filosófica, para a qual mantenho o nome de ontologia, tem como ponto de partida o Ser.

De outro lado, a "logologia"²⁷, ou seja, desde o *Tratado do não ser*, de Górgias, uma crítica da ontologia, que mostra como o ser é sempre apenas um efeito do dizer. O ser nem sempre esteve ali. Ao contrário, é o *Poema* de Parmênides, lido desta vez não por Heidegger, mas por Górgias, que o produz como um efeito de língua. O poema é um mecanismo de precisão. Traça o caminho que leva do

---

25. "Não é das palavras que se deve começar, mas vale bem mais aprender e buscar as próprias coisas por elas mesmas do que pelas palavras" (*Crátilo*, 439 b).

26. Friedrich Schleiermacher. *Über die verschiedenen Methoden des Übersetzens*/Sobre os diferentes métodos de tradução. Trad. Margarete von Mühlen Poll. Em *Clássicos da Teoria da Tradução. Antologia bilíngue*, v. 1: alemão-português, org. W. Heidermann. 2. ed. Florianópolis: Ed. UFSC; Núcleo de Pesquisas em Literatura e Tradução, 2010, pp. 38-101. Ver também o glossário de C. Berner, pp. 135-8. Traduz-se *dolmetschen* com frequência como "interpretar", mas no sentido de interpretariado, não no de interpretação. É uma troca imediata, uma tradução simultânea, "unívoca": trocamos as palavras como trocamos dinheiro (*Brouillon zur Ethik* [1805-06], baseado na edição de Otto Braun, introdução de H.-J. Birkner. Hamburgo: Meiner, 1981, p. 58). Essa não é obviamente a maneira pela qual Heidegger pensa a tradução...

27. Recordo o sentido do redobramento: "Só é de admirar o ridículo erro: que as pessoas julguem falar em intenção das coisas. Exatamente o específico da linguagem, que ela se aflige apenas consigo mesma, ninguém sabe". Novalis. "Monólogo", em *Pólen: fragmentos, diálogo, monólogo*. Trad. Rubens Rodrigues Torres Filho. São Paulo: Iluminuras, 2001.

verbo "é" (*esti*, na terceira pessoa singular do presente do indicativo) ao sujeito "o ente" (*to eon*, com o artigo que substantiva o particípio presente e lhe dá substância). Como um bom poema que é ("poema", de *poiei*, "fazer"), ele emprega a língua grega, sintaxe e semântica misturadas, naquilo que ela tem de mais próprio. Essa performance eficaz culmina na nomeação-criação do sujeito, como se este fosse secretado pelo verbo. Ei-lo então representado, para sempre como sujeito ou objeto (como quisermos) de toda a metafísica, numa esfera bem redonda. Assim identificado, ele é descrito com as mesmas palavras que Homero usa para descrever Ulisses quando ele passa pelas Sereias: o ente, como Ulisses, "permanece ali firmemente plantado no chão", "encerrado dentro dos limites de laços poderosos". Voltarei a essas performances fundamentais da língua grega no próximo capítulo para desvendar uma frase, emblemática como um caso escolar, que nos permite compreender na prática a dificuldade de traduzir[28].

O mundo que parte das palavras, como vemos, proporciona uma leitura muito diferente do mundo: não estamos mais sob o regime da ontologia e da fenomenologia, que têm a tarefa de dizer o que é como é, mas sob o regime da performance, que faz ser o que é dito. Tanto que a linguagem não é mais considerada, de início ou somente, como um meio, mas como um fim e como uma força: "Aquele que acha a linguagem interessante em si mesma

---

28. Sobre a sofística como crítica da ontologia, ver: Barbara Cassin. *O efeito sofístico*, *op. cit.*; e sobre essa interpretação do Poema de Parmênides, ver: Parmênides. *Sur la nature ou sur l'étant. La langue de l'être?* Paris: Seuil, 1998. (Col. "Points bilingues"). [Em português, encontramos uma tradução para o poema em Pedro Barbieri. "Sobre a Natureza, de Parmênides de Eleia". *Classica*, v. 33, n. 1, pp. 311-25, 2020.] Ver abaixo, cap. 2.

é distinto daquele que reconhece nela apenas o meio de pensamentos interessantes."[29] Para retomar a frase-fetiche de Górgias no *Elogio de Helena*: "O *logos* é um grande soberano que, por meio do menor e mais inaparente dos corpos, realiza [*apotelei*] os atos mais divinos."[30] E se, em vez de "realiza", eu traduzir *apotelei* por "performa", que está longe de ser uma má tradução, abro todo o domínio linguístico-sofístico-logológico, o da performance.

Es gibt Sein/Há línguas

Este regime é o do *Dicionário dos intraduzíveis*: é, no fundo, logologia sofística imersa na pluralidade das línguas. Pois o próprio "há" é precisamente aquele, o humboldtiano, da pluralidade das línguas: "A linguagem se manifesta na realidade apenas como diversidade."[31] A linguagem são as línguas e nada senão as línguas. Não mais *Es gibt Sein*, "há o Ser", à Heidegger, mas "há línguas".

Nessa perspectiva, traduzir não é mais *dolmetschen*, como um intérprete, mas *übersetzen*, como um tradutor: entender que línguas diferentes produzem mundos diferentes, dos quais elas são as causas e os efeitos; e fazer com que esses mundos se comuniquem, com as línguas perturbando-se mutuamente, de modo que a língua do

---

29. Friedrich Nietzsche. "Fragments sur le langage" (nota de trabalho de "Homère et la philologie classique", 1868-1869). Trad. J.-L. Nancy e P. Lacoue-Labarthe, *Poétique*, 5, 1971, p. 134. [= Kröner, p. 201 s.]
30. 82D11DK, § 8.
31. Wilhelm von Humboldt, *Über die Verschiedenheit...*, *op. cit*. Entendemos, como me indicou Pierre Caussat, que a tradução por "diversidade" seja mais eficaz que a de "pluralidade", muitas vezes apresentada: é a diferença, e não apenas o número, que importa.

leitor vá ao encontro daquela do autor. Estou obviamente parafraseando a célebre bifurcação: "Ou bem o tradutor deixa o escritor o mais tranquilo possível e faz com que o leitor vá a seu encontro, ou bem deixa o mais tranquilo possível o leitor e faz com que o escritor vá a seu encontro", e escolho com Schleiermacher a intranquilidade do primeiro caminho[32].

O mundo comum é, então, algo como um princípio regulador, uma visada, não um ponto de partida. A boa metáfora passa a ser a de um Humboldt, a de um Hjelmslev ou a de um Trubetzkoy[33], que veem em cada língua uma "rede iridescente" capaz, de acordo com sua malha, com o lugar em que é jogada, com a forma pela qual é levantada, de capturar outros peixes – o mesmo que o "relativismo consequente" nos ajudará a pensar[34].

Palavra ou conceito? Falar em segundo

Uma das chaves do *Dicionário dos intraduzíveis* está nesta linha divisória entre palavras e conceitos ou ideias. Partimos do conceito para falar das palavras ou partimos das palavras para pensar os conceitos? Foi uma pergunta de Tullio Gregory durante uma das primeiras reuniões exploratórias do projeto que me permitiu compreender a originalidade filosófica do *Dicionário*. Ele me perguntou se os verbetes seriam palavras ou conceitos. Resposta: palavras, palavras em línguas. Filosofamos em línguas.

---

32. Friedrich Schleiermacher. *Über die verschiedenen Methoden des Übersetzens*/Sobre os diferentes métodos de tradução, *op. cit.*, p. 57.

33. "La tour de Babel et la confusion des langues", em Pierre Caussat, Dariusz Adamski e Marc Crépon, *La Langue source de la nation*, *op. cit.*, p. 512.

34. Ver cap. 3.

Nesse sentido, o *Dicionário* é um trabalho sofisticado. Ele prefere a logologia em lugar da ontologia.

A sofística tem esse efeito logológico somente porque vem depois, e esse é seu profundo parentesco com a barbárie, assim como com a tradução. Górgias depois de Parmênides, *Se Parmênides...*[35] A repetição é uma catástrofe da origem e da norma. Como num espelho mágico, num lago pintado por Dalí, o cisne refletido na água junto a troncos de árvores retorcidos, no plano de água que podemos dizer que está contextualizado, torna-se um elefante[36]. Sabemos que, se a primeira vez é tragédia, a segunda vez é farsa. *Paignion*, "para mim, um jogo, um joguete", diz Górgias, em plena consciência palimpséstica, no final do *Elogio de Helena*. A sofística é obviamente parente dessa secundariedade, dessa segunda vez que é a tradução.

A ligação entre barbárie, farsa, performance da linguagem e tradução passa a ser, não surpreendentemente, um tema abordado frontalmente, um pouco mais tarde, quando a latinidade o aborda, em particular com Plauto. A comédia latina vem depois da comédia grega: *comœdia palliata*, ela veste os atores com mantos gregos em vez de togas romanas e gosta de fazer a "virada" bárbara da língua grega, *uortit barbare*, como diz o prólogo da *Asinária* – "Agora te direi o que te disse querer te dizer", escreve Titus Maccius Plautus, também conhecido como Plauto: "O nome desta peça em grego é *Onagos*, Demófilo a escreveu e Maccius a traduziu em bárbaro,

---

35. É o título de meu primeiro livro de filosofia: *Se Parmênides: o tratado anônimo De Melisso Xenophane Gorgia*. Trad. Cláudio Oliveira. Belo Horizonte: Autêntica, 2015.

36. Salvador Dalí. *Cisnes refletindo elefantes*. Óleo sobre tela, 1937 (coleção particular).

uortit barbare. Ele quer que ela seja a *Asinária*, se vocês permitirem."³⁷

A sofística será, então, onipresente neste livro sobre tradução: ela pode ser encontrada relacionada com a repetição, a secundariedade e a barbárie, mas também, como veremos, no âmbito da performance e do significante, assim como no do relativismo, da desessencialização e do *savoir-faire* com as diferenças.

De todo modo, acredito que o gesto dos intraduzíveis, tão profundamente ligado a um elogio da sofística, é um gesto bárbaro ou, no mínimo, algo não grego. E "bárbaro" talvez queira dizer: "sofisticado", uma reprovação que os gregos de bem já dirigiam aos persas, com seus robes, sandálias e chilreios. Como no próprio Platão, que insere a Estrangeira de Mantineia no *Banquete* ou o Estrangeiro no *Sofista* apresentando-os como terceiros cuja exterioridade os torna mestres do jogo, esses *performers* itinerantes que Hegel chama, nas *Lições sobre a história da filosofia*, de "mestres da Grécia" vieram em geral de outro lugar; é óbvio: precisa-se do estrangeiro para traduzir.

Um gesto político

"A linguagem", então, "manifesta-se na realidade apenas como diversidade": agarro-me a essa pequena

---

37. Plauto. *Asinaria*, 9-13: *Nunc quod me dixi uelle uobis dicere, / dicam: huic nomen graece Onagost fabulae; / Demophilus scripsit, Maccus uortit barbare; / Asinariam uolt esse, si per uos licet*. Remeto aos trabalhos de Florence Dupont e ao de Rodrigo Tadeu Gonçalves. *Performative Plautus: Sophistics, Metatheater and Translation*. Newcastle upon Tyne: Cambridge Publishing Scholars, 2015. As relações entre Aristófanes e Platão, lidas graças a Rossella Saetta Cottone, por exemplo, estão, como a sofística, na exterioridade interna em relação ao grande *logos*.

frase de linguista e de diplomata porque ela é o completo oposto da palavra grega *logos* quando serve como antídoto ocidental para a diversidade. O *Dicionário dos intraduzíveis* não é apenas um gesto filosófico, cujos contornos bárbaros e sofísticos começam a aparecer, mas também um gesto político, como indica o adjetivo *européen* ["europeu"] em seu título *Vocabulaire européen des philosophies* ["Vocabulário europeu das filosofias"].

Uma das primeiras características do *Dicionário* é de fato o múltiplo; ele constitui nosso ponto de partida e nosso ponto de chegada. Partimos do fato primeiro e inescapável da diversidade das línguas, entendida como uma pluralidade diferencial de performances. Daí decorre uma definição dos intraduzíveis, no plural: os intraduzíveis são sintomas, semânticos e/ou sintáticos, da diferença das línguas, não o que não se traduz, mas o que não se cessa de (não) traduzir. O *Vocabulaire* tem a ambição de capitalizar o conhecimento dos tradutores, incluindo todas as notas de rodapé e parênteses em pleno texto – ou em plano-texto –, todas as N. do T. transformadas em texto... Bem longe do maiúsculo Intraduzível, que deveria ser respeitado, até mesmo sacralizado como o poço sem fundo da própria tradução, o que é apropriado para os filósofos-sofistas é um plural: traduzir os intraduzíveis, não como um desafio fatídico a Babel, mas como um dispositivo, uma instalação evidentemente enganosa e irônica. O *Dicionário dos intraduzíveis* não fornece *a* tradução correta de nenhum intraduzível; ele explicita as discordâncias, coloca em presença e reflexão, é pluralista e comparativo num gesto sem desfecho, muito mais borgiano ou oulipiano que fatídico e heideggeriano.

Se nós (e esse "nós" real reunia pelo menos 150 autores no mínimo bilíngues que falam no total umas quinze línguas), se nós trabalhamos juntos por uns doze anos com a impressão de ter tudo para inventar ou reinventar, é porque tínhamos em mente a pergunta: que Europa linguístico-filosófica queremos? Resposta: há duas que não queríamos, que não queremos jamais. Que sugiro caracterizar assim: nem tudo-ao-inglês nem nacionalismo ontológico. Trata-se simplesmente de instruir e desenvolver a frase de Umberto Eco que se tornou famosa: "A língua da Europa é a tradução". Essa frase foi enunciada numa conferência e mais de uma vez citada por ministros bem aconselhados, em especial para lembrar a instituição europeia de suas próprias regras, isto é, de suas 24 línguas oficiais em 2013 e três línguas de trabalho – *in uarietate concordia*.

Globish *e língua inglesa*

Tudo-ao-inglês – em francês, "tout-à-l'anglais", como se diz "tout-à-l'égout"[38]. O cenário catastrófico deixa subsistir apenas uma língua, sem autor e sem obra: o *globish*, palavra-valise para *global English* e dialetos. Todas as línguas da Europa, francês, alemão etc., serão nada mais do que dialetos, *parochial*, para serem falados em casa e preservados por uma política patrimonial como a de espécies ameaçadas: sobreviventes para o Museu das *Digital Humanities*. O *globish* é um termo, como uma *trademark*, criado por Jean-Paul Nerrière quando vice-presidente

---

38. Tout-à-l'égout é uma expressão corrente na língua francesa que significa sistema de esgoto ou saneamento básico, em resposta a uma expressão mais antiga: "tout-à-la rue", anterior à implantação do sistema de esgoto, quando as pessoas jogavam seus dejetos na rua, diante de suas casas. [N. dos T.]

da IBM Estados Unidos para designar um tipo de inglês muito pobre, mas muito eficaz, adotado pelos *non-native speakers* no *business* internacional, no qual provaram ser negociadores muito melhores, com os chineses ou os indianos, por exemplo, do que os *native speakers*, que praticavam um bom e belo inglês[39]. Segundo ele, precisaríamos apenas de algumas centenas de palavras para fazer sucesso, ou para falhar menos, nos negócios, e então teríamos todo o nosso tempo livre para aprender o inglês de verdade. De fato, nos grandes colóquios internacionais, inclusive nos de filosofia, um tipo de *business* em que todo mundo fala *globish*, o único conferencista que não entendemos é o que vem de Oxford; o inglês cheio de literatura, o de Jane Austen, Shakespeare ou Joyce, faz parte de um dos dialetos que apenas alguns poucos profissionais ainda entendem. O *globish*, por outro lado, é uma língua de comunicação, que serve para pedir um café de Tamanrasset a Pequim e para submeter, em Bruxelas, propostas de *case-studies, state of the art, issues* e *deliverables*, no âmbito de um programa em que se controlam a *"gouvernance"* ["governança"][40] e as "boas prá-

---

39. Jean-Paul Nerrière. *Don't speak English, parlez globish*. Paris: Eyrolles, 2004-2006, e *Découvrez le globish. L'anglais allégé en 26 étapes*. Paris: Eyrolles, 2005. Sobre o lugar do inglês globalizado como uma língua "hipercentral", em um "modelo gravitacional" ou em um "modelo galáctico", ver Louis-Jean Calvet (por exemplo, *Le Marché aux langues. Les effets linguistiques de la mondialisation*. Paris: Plon, 2002) e Abram de Swaan (por exemplo, *Words of the World: The Global Language System*. Cambridge: Polity Press, 2001).

40. Transliteramos *governance* como *"gouvernance"*, ou melhor, operamos uma ressemantização, porque a palavra francesa, quando surgiu, em 1679, designava uma função de governante e "é usada hoje no Senegal para a ação filológica e política do presidente Senghor, para designar os serviços administrativos de uma região" (*Robert historique*, 1992). Em Bruxelas, contudo, o termo *"gouvernance"* nada tem de sene-

ticas" dentro de uma *knowledge-based society* (a tradução francesa diz ainda mais: "économie de la connaissance" ["economia do conhecimento"]!). É a regra hoje – ou ontem, porque as siglas mudam muito rapidamente – para a redação dos dossiês de LabEx, laboratórios de excelência, precedidos por dossiês de EquipEx, equipamentos de excelência, e encabeçados por dossiês de IdEx, iniciativas de excelência, sendo que todos servem para distribuir um grande empréstimo francês aos *campi* de excelência franceses, formados por pesquisadores e professores-pesquisadores que são na maioria franceses, mas cuja experiência internacional deve *ranquear* os projetos (como dizer em *globish* "transferência cultural", a "palavra-chave" de um dos bons projetos de LabEx do IdEx, então sob a sigla de PSL? A empresa que foi bem paga para traduzir em *globish* sugeriu, pela eficácia, *network*!). E não é a francesa que protesta em mim, mas uma mulher que fala uma língua entre outras. Os especialistas não têm mais uma língua: eles usam a língua dos esquemas e das palavras-chave que trancafiam a inteligência, a língua das ferramentas de busca, única dona do território. Essa língua, desesperanto contemporâneo, sem autores e sem obras (como sabem aqueles que fazem pesquisa na área das humanidades e vivem no dia a dia essa excruciante experiência, as obras em *globish* são as inscrições nos editais de financiamento), permite reduzir tudo a um denominador comum e obriga a sobretudo-não-pensar-por-si-mesmo fora dos esquemas de avaliação[41]. Linguagem única para um pensamento único, um dos mais sinistros avatares do *logos*.

---

galês: com a *"gouvernance"*, apaga-se o *"gouvernement"* ["governo"], ou seja, a dimensão política. Quando a França fala de *gouvernance*, ela não só fala *pidgin-english*, mas também pensa em anglo-saxão.

41. Ver *Derrière les grilles*, org. Barbara Cassin, *op. cit.*

A dificuldade está obviamente na relação entre *globish* e língua inglesa. É isso mesmo que torna a ameaça tão intensa: o risco de conluio entre um esperanto pragmático e uma língua de cultura. Gostaria de desenvolver as coisas da seguinte maneira. O inglês é obviamente uma língua de império, como foram antes o grego *koinē*, o latim e, em menor medida, o francês: é a língua da diplomacia e economia americanas transformada em uma língua de transmissão internacional (Umberto Eco fala de "língua internacional auxiliar", LIA, mas prefiro, com maldade, em homenagem a Victor Klemperer, as iniciais LTI)[42].

Entretanto há também razões filosóficas para que o *globish* seja, antes, o inglês: a ligação entre a língua do império e a filosofia analítica constitui, a meu ver, a base cultural do LTI. Por um lado, certa filosofia analítica defende o angelismo do universal: o que conta é o conceito, não a palavra – Aristóteles é meu colega de Oxford. Aqui encontramos Platão: as línguas são a roupagem da ideia, e não importa a roupa; Leibniz e sua característica universal: "*calculemus*, calculemos"[43]; e o projeto das Luzes: "Assim, antes do final do século XVIII, um filósofo que queira se instruir a fundo sobre as descobertas de seus predecessores será obrigado a sobrecarregar a memória com sete ou oito línguas diferentes, e, após ter consumido, para aprendê-las, o mais precioso tempo de sua vida, morrerá antes que tenha começado a se instruir. O uso da língua latina, cujo ridículo denunciamos nas matérias de gosto, poderia ser utilíssimo nas obras de Filosofia, nas quais todo o mérito está na clareza e na precisão, e que

---

42. *Lingua Tertii Imperii*; ver Victor Klemperer, *LTI: a linguagem do Terceiro Reich*. Trad. Miriam Bettina Paulina Oelsner. Rio de Janeiro: Contraponto, 2009.

43. Ed. Gerhardt, t. VII, p. 1980.

não precisam senão de uma língua universal e de convenção."[44] Uma bela companhia filosófica de fato, que nos incentiva a encontrar no inglês globalizado ou *globishizado* de hoje um *ersatz* plausível de língua universal. Por que não o inglês?

Até porque o angelismo do universal é acompanhado por uma militância do comum. O inglês, tomado desta vez como um idioma na singularidade das obras e autores que se expressaram em inglês na tradição filosófica, é por excelência a língua do fato, a língua da conversação cotidiana atenta a si mesma. Quer se trate de empirismo (Hume) ou de filosofia da linguagem comum derivada do *linguistic turn* (Wittgenstein, Quine, Cavell), desmontamos as bugigangas da metafísica estando, *matter of fact* e *fact of the matter*, atentos ao que dizemos quando falamos o inglês de todo dia. Não mais "por que não o inglês", mas "porque o inglês"!

Daí a força excepcional de um *globish* apoiado em (ou por) um "inglês analítico", que faz parecer hermética uma filosofia continental ligada à história e à espessura das línguas e que terá feito Jacques Derrida ensinar somente em departamentos de literatura comparada. Nessa perspectiva, a própria ideia do intraduzível é nula e vazia, ou pior, desprovida de utilidade.

O nacionalismo ontológico,
ou o alemão mais grego que o grego

O outro cenário catastrófico é, antes de tudo, filosófico, e preocupa particularmente a nós, franceses, que tra-

---

44. D'Alembert. *Enciclopédia. Discurso preliminar e outros textos*. v. 1. Trad. Fúlvia Moretto e Maria das Graças de Souza. São Paulo: Ed. Unesp, 2015, p. 191.

balhamos a história da filosofia com as ferramentas de um Heidegger relocalizado, até *rebranded*, em nossas escolas, em contato com os menos nazistas e os mais audaciosos interlocutores, de Char a Lacan. É um desvio, não mais analítico, mas hermenêutico e continental, cujo ponto de partida moderno, ligado ao incômodo problema do "gênio" das línguas[45], é o romantismo alemão. Há línguas que são "melhores" que outras, porque são mais filosóficas, porque têm mais contato com o ser e o dizer do ser, e devemos cuidar dessas línguas superiores como cuidamos das raças superiores. Sempre retorno a esta frase de Heidegger, que torna isso legível de maneira caricatural:

> [...] a língua grega é filosófica, isto é [...] não é marcada impositivamente por uma terminologia filosófica, mas é filosofante como língua e como configuração linguística [*Sprachgestaltung*]. Isso é válido para toda e qualquer língua autêntica, naturalmente sempre segundo graus respectivamente diferentes. O grau é medido pela profundidade e pela violência da existência do povo e da estirpe que fala a língua e existe nela [*Der Grad bemißt sich nach der Tiefe und Gewalt der Existenz des Volkes und Stammes, der die Sprache spricht und in ihr existiert*]. Só a nossa língua alemã tem ainda o caráter filosófico profundo e criador correspondente ao da língua grega.[46]

O grego, então, e o alemão, mais grego que o grego.
Proponho chamar esse segundo cenário catastrófico de "nacionalismo ontológico", retomando um diagnósti-

---

45. Ver cap. 3.
46. Martin Heidegger. *A essência da liberdade humana: introdução à filosofia, op. cit.*, pp. 69-70. Uma nota ao fim da frase indica: "Cf. Mestre Eckhart e Hegel."

co de Jean-Pierre Lefebvre, com o qual concordo até nas vírgulas:

> O que começa com Fichte, em paralelo com um movimento cultural no qual a poesia e a política desempenham um papel importante, é uma reapropriação deliberada pelo pensamento alemão de seu modo de expressão no que é mais específico, original, irredutível. A intraduzibilidade se torna, no final, o critério da verdade, e esse nacionalismo ontológico, reforçado pelo admirável espanto que ele desperta no outro lado do Reno mais que em qualquer outro lugar, culminará em Heidegger, que continua sendo um dos maiores filósofos de seu século.[47]

Todo o trabalho do *Dicionário* vai contra essa tendência de sacralizar o "Intraduzível" (de novo, convém usar a maiúscula), desvio simétrico do desprezo universalista. Mas se se insiste nessa tendência, é porque, por um lado, o grego e o alemão são dois idiomas cheios de obras filosóficas que são decisivas para a filosofia e sua história; e porque, por outro lado, Heidegger é o contemporâneo que nos ensinou, ou nos reensinou, o quanto contam tanto falar quanto traduzir: "falar a língua é bem diferente de: usar uma língua"[48], e traduzir é um "desdobramento de sua própria língua com ajuda da explicação com a língua estrangeira"[49].

Claramente escapamos da filosofia analítica assim que afirmamos que nossos verbetes são palavras, pala-

---

[47]. Jean-Pierre Lefebvre. "Philosophie et philologie: les traductions des philosophes allemands", em *Encyclopædia universalis*. Symposium, Les Enjeux, 1, Paris, 1990, p. 170.

[48]. Martin Heidegger. *Qu'appelle-t-on penser?* Trad. A. Becker e G. Granel. Paris: PUF, 1967, p. 88.

[49]. Martin Heidegger. *Hölderlins "Andenken"*, em *Gesamtausgabe*, v. 53, pp. 79-80.

vras em línguas, e não conceitos: o intraduzível não pode ser reduzido à opacidade contextual. E claramente escapamos da hierarquia ontológica das línguas assim que retraduzimos o intraduzível em vez de sacralizá-lo: não é dessa intraduzibilidade que precisamos. Preferimos partir dos quiproquós de hoje pela diversidade heterogênea de divisões que impedem a compreensão, como, por exemplo, entre os vocabulários jurídicos da *common law* e do direito romano, com "direito/lei" e *"right/law"*, que estão em discordância falsamente amigável, mais geográfica e conjectural que histórica. Tudo-ao-inglês e hierarquia das línguas são duas modalidades de articulação do uno e do múltiplo igualmente prejudiciais a uma Europa, até mesmo a um mundo, habitável.

"Mais de uma língua": Derrida e Lacan, sofistas

Hoje, o *Dicionário dos intraduzíveis* está sendo traduzido. Não há paradoxo aqui. O gesto do *Dicionário* é assim redobrado, ou melhor, elevado à potência. Isso é muito coerente com a forma pela qual são definidos os intraduzíveis: sintomas das diferenças entre as línguas, a serem traduzidos sempre e mais. É preciso abrir, explicar as dificuldades, desdobrar os equívocos: pelo menos nisso, somos todos muito bons filósofos!

Entretanto o *Vocabulaire européen des philosophies*, escrito em francês, é, ninguém pensaria em negar, muito francês e muito europeu, terrivelmente mesmo. Desde que o atual conceito ou pseudoconceito foi formado, ele é muito *French Theory*. Aprecio que se diga essa francidade em inglês e que já se mostre nos *Untranslatables*: é claro que o espelho erguido pelo outro produz efeitos que fazem refletir – temos um exemplo violento disso com Heidegger, que, sem uma filosofia francesa a princípio ligada à fenomenologia e ao existencialismo, e em parte tendo um terreno comum com a *French Theory*, acabaria sendo para a Alemanha um professor nazista autóctone.

Na verdade, ao fim me parece, é no cruzamento de Derrida e Lacan que o método dos intraduzíveis pode ser melhor descrito. Derrida e Lacan são, se me permitem dizer, dois compadres que se encontram na sofística. Derrida define a desconstrução como "mais de uma língua". Bem longe do *logos* grego universalista (entenda-se cercado de "bárbaros", blá-blá-blando com maior ou menor sabedoria) e bem perto da diversidade cara a Humboldt, aqui está, de forma mais selvagem e contemporânea, a maneira pela qual Derrida descreve seu caráter e seu trabalho:

> Se eu tivesse que arriscar, Deus me livre, uma única definição de desconstrução, breve, elíptica, econômica como uma palavra de ordem, diria sem delongas: "mais de uma língua".[50]

Ao longo do texto verdadeiramente convincente que faz eco a essa passagem, *O monolinguismo do outro*, a desconstrução por Derrida de sua própria posição, que se refere a sua experiência como um jovem judeu *pied-noir* a quem o árabe foi ensinado na Argélia como língua estrangeira facultativa, expressa-se por uma aporia, por si-

---

50. Jacques Derrida. *Mémoires pour Paul de Man*. Paris: Galilée, 1988, p. 38. A conclusão imperativa "Mais de uma língua" é retomada literalmente na "Prière d'insérer" de *O monolinguismo do outro ou a prótese de origem*. Trad. Fernanda Bernardo. Porto: Campo das Letras, 2001. (Doravante, referido como *O monolinguismo*.)

nal trabalhada ou implícita numa sintaxe muito francesa (nada fácil de traduzir...), que ele enuncia assim:

> 1. *Não falamos nunca senão uma única língua.*
> 2. *Não falamos nunca uma única língua.*[51]

Uma contradição pragmática, se houver, pela qual os teóricos anglo-americanos ou alemães o reprovarão como um filósofo continental demais. Eles lhe dirão:

> Sois um cético, um relativista, um niilista, não sois um filósofo sério! Se insistirdes, colocar-vos-ão num departamento de retórica ou de literatura. A condenação ou o exílio poderão ser ainda mais graves se insistirdes, fechar-vos-ão no departamento de sofística [...].[52]

Esse diagnóstico e essa ameaça final apenas me encantam.

Eles se juntam ao diagnóstico que Jacques Lacan faz de si mesmo como psicanalista:

> O psicanalista é a presença do sofista no nosso tempo, mas com uma condição diferente.[53]

O que se manifesta aqui, de fato, é um regime discursivo que difere do "falar de" e do "falar para", da filosofia em busca da verdade, bem como da retórica em busca de persuasão: um regime não platônico-aristotélico, que

---

51. Jacques Derrida, *O monolinguismo*, op. cit., p. 19.
52. *Ibid.*, p. 17, adaptada.
53. Jacques Lacan, *Séminaire XII. Problèmes cruciaux de la psychanalyse*, aula de 12 de maio de 1965. Dediquei um livro ao comentário dessa frase: *Jacques, o sofista*. Trad. Yolanda Vilela. Belo Horizonte: Autêntica, 2017.

poderemos chamar, como preferirmos, sofístico ou austiniano, privilegiando a performance, a logologia, o efeito-mundo, o "falar por falar".

Se tanto Derrida quanto Lacan estão nessa terceira dimensão da linguagem e se tornam atentos a ela, é também porque ambos estão definitivamente conscientes da dimensão do significante. Significante e performance agem juntos. E o *Dicionário dos intraduzíveis* confirma por fim o quanto performance e significante agem juntos com a sofística, para recusar a decisão do sentido, a univocidade e a proibição da homonímia, que são o cerne do princípio da não contradição. É pelo equívoco que o significante entra na filosofia, de Aristóteles a Freud[54].

A porosidade das disciplinas: qual é a intimidade entre um filósofo e sua língua?

A diferença entre literatura e filosofia, que hoje serve como arma analítica contra o continente, depende do nível de intimidade tolerável entre um filósofo e a língua que ele lê e na qual escreve, mensurável, em primeira instância, pelo peso do significante.

Pode-se supor que o corte é simples de se fazer. Seria necessário, por exemplo, ejetar a psicanálise da filosofia. O que Derrida nomeia como o intraduzível "corpo das línguas"[55] se funde com a "diz-mensão" (*dit-mension*) pró-

---

54. Ver cap. 2.
55. "Ora um corpo verbal não se deixa traduzir ou transportar para uma outra língua. É aquilo mesmo que a tradução deixa de lado. Deixar de lado o corpo é mesmo a energia essencial da tradução", em Jacques Derrida. *A escritura e a diferença*. Trad. Maria Beatriz Marques Nizza da Silva. São Paulo: Perspectiva, 1995, p. 198.

pria da análise, ela que faz do significado "o efeito do significante"[56]. Além disso, a frase de Derrida sobre o "corpo verbal" está imersa num comentário sobre a *Traumdeutung* de Freud, com um domínio como ponto de aplicação no qual, por excelência, o significante "não se apaga perante o significado": o sonho ("em regra geral, um sonho é intraduzível em outras línguas")[57]. Desse ponto de vista, não há diferença fundamental entre o gênio cratiliano de um Sócrates, que escolhe se deixar levar ("Herói: a palavra mostrará a você que ela deriva do nome de amor [*erôs*], do qual os heróis tiram seu nascimento, com uma pequena mudança para aperfeiçoar a palavra... A menos que a palavra diga que os heróis são hábeis para perguntar [*erôtan*]")[58], e um texto comum de Lacan, em que os parênteses do tradutor são substituídos pelo itálico do autor (assim, "O aturdito": "Começo pela homofonia – da qual depende a ortografia. Que, na língua que me é própria, como brinquei mais acima, equivoque-se o *dois* [*deux*] por *deles* [*d'eux*], conserva um vestígio da brincadeira da alma segundo a qual fazer deles dois-juntos encontra seu limite em 'fazer dois' deles"). Nessa Cratília, que proclama que a etimologia não é uma ciência exata, somos jogados do sem-sentido ao coração do sentido e podemos, no máximo, jogar na conta do filosófico a reflexão sobre as práticas do significante, pela diferença com essas mesmas práticas. Lacan sabe disso, e continua: "Afirmo que todos os lances são permitidos aí, em razão de que, estando qualquer um ao alcance deles, sem poder reconhecer-se nisso, são eles que

---

56. Jacques Lacan. *O seminário. Livro 20: Mais, ainda*. Trad. M. D. Magno. Rio de Janeiro: Zahar, 1995, p. 47.
57. Jacques Derrida. *A escritura e a diferença, op. cit.*, p. 198.
58. Platão, *Crátilo*, 388 d-e.

jogam conosco. Exceto quando os poetas os calculam e o psicanalista se serve deles onde convém"[59].

O corpo das línguas é aquilo com que, por excelência, os tradutores ditos literários, e sobretudo os poetas-tradutores e tradutores-poetas, são confrontados, com o intraduzível no singular, mas com um *i* minúsculo, o significante em suas sonoridades, ritmos, línguas como as experimentamos, como elas existem. Poesia, literatura e psicanálise convergem numa de-limitação da filosofia. A importância de remodelar os limites das disciplinas e dos gêneros não pode mais nos surpreender. "Fechar-vos-ão no departamento de sofística", onde praticareis à vontade literatura comparada, psicanálise e até os *postcolonial* e os *gender studies*. Evidentemente, é preciso redefinir a filosofia, o que é *da* filosofia, dizer se ela está ligada não apenas aos textos patenteados da história da filosofia e aos conceitos recebidos que se aprimoram e circulam, mas também, sobretudo, às palavras, inclusive às do cotidiano (*"Bonjour"*, *"Vale"*, *"Khaire"*, *"Salaam"* ou *"Shalom"*, como se abre o mundo?), e às invenções de palavras. Assim, a porosidade dos objetos e estilos é posta em cena, com horizontes expandidos pelo outro lugar e pela outra forma dos ensinamentos, das culturas e das línguas. Os limites da filosofia devem ser refrescados com as traduções do *Dicionário*, em especial com sua imersão em outras tradições, que se apoiam na "literatura" para fazer "filosofia" (perto de nós, Dante, Cervantes, toda a cultura hispanófona, lusófona) e que também estão em construção, até mesmo em reconstrução descolonial.

Atenção! Em obras.

---

59. Jacques Lacan. "O aturdito". *Outros escritos*. Trad. Vera Ribeiro. Rio de Janeiro: Zahar, 2003, p. 493.

A língua do mundo é a tradução – mas o que quer uma língua?

Dez anos depois, o *Dicionário* francês se tornou, então, um entre outros, assim como o francês é "uma língua, entre outras".

Uma das questões mais incômodas, técnica apenas na aparência, consiste em decidir caso a caso se e quando, com o francês de origem, trata-se de uma metalíngua ou uma língua: em que momento, para que verbete, para que parte de um artigo, para que citação ou tradução de uma citação, o francês é "uma língua, *entre outras*", substituível pela nova língua de chegada, e em que momento está, por outro lado, sob avaliação como *"uma língua,* entre outras", dessa vez pela singularidade dos equívocos que a caracterizam. É preciso refletir de novo uns com os outros: cada tradução não é um decalque, mas uma adaptação cheia de perguntas.

Na verdade, mais que adaptação, trata-se de uma reinvenção. Minha intenção filosófica e política com o *Vocabulaire européen des philosophies* deve ser traduzida, imersa num outro lugar: posta em relação, relativizada. Como europeia-francesa, eu a defini com um *nem... nem*: nem *globish*, língua de comunicação ou de serviço que ameaça reduzir as línguas da cultura ao estado de dialetos "idiotas", no sentido grego do termo, privados de capacidade política, nem nacionalismo ontológico, sacralização da intraduzibilidade e hierarquia das línguas, classificadas segundo sua proximidade com o ser e sua capacidade de pensar – pensar como "nós", com o particular que serve para definir o universal "autêntico".

Insistirei agora, pela duplicação do gesto, com mais virulência ainda, sobre o perigo do *globish*: ele corresponde à política "normal" das línguas, o que nem se discute para muitos de nossos ministros, posto que ela é hoje, na Europa e no mundo, indissociável da avaliação, do *ranking* e, portanto, da economia. É a língua das ferramentas "de pesquisa", como o Google, com seus *linguistic flavors*. Como seu algoritmo, ela abre espaço para um mundo em que a qualidade é, apenas, uma propriedade derivada da quantidade, sem percepção nem lugar para criações ("não se nota a ausência de um desconhecido", disse Lindon sobre Beckett), a despeito dos anúncios e das gesticulações.

Na verdade, essa tensão entre o *globish* e a língua de cultura suntuosa e fluida que é o inglês está no coração da reinvenção americana. O *Dictionary of Untranslatables*, publicado em Princeton no primeiro semestre de 2014, a primeira tradução-adaptação-reinvenção completa do *Vocabulaire européen*, feita por Emily Apter, acompanhada por Jacques Lezra e Michael Wood, joga precisamente o *english* contra o *globish*, ou seja, ele joga, ao menos também e em especial, a palavra contra o conceito ou o pseudoconceito e a hermenêutica hesitante da *French Theory* contra uma filosofia analítica segura de sua universalidade racional exclusiva, por indiferença ou desprezo em relação à história e às línguas. A isso se soma o *savoir-faire* americano em relação aos *postcolonial* e aos *gender studies*, zonas de tradução anglo-saxônicas que ultrapassam a Europa.

Gostaria de explicar, na ordem cronológica das decisões, a intenção de cada uma das transposições para uma língua-e-cultura singular. Nada de anedótico nisso, ou melhor, viva a anedota, porque ela está em contato com o essencial. A questão se coloca assim: o que quer uma língua, o que querem os que a falam em dado momento? É de fato de geopolítica que se trata aqui, com o perigo silencioso de que os tradutores se provem aprendizes de feiticeiros. E, se eu citar seus nomes, é porque para se arriscar a traduzir é preciso ser um pouco Titã, ou seja, desejar em pessoa. Estou orgulhosa de que o *Dicionário* francês tenha incluído, ao lado de um índice de nomes próprios e de um dos principais autores, um índice de tradutores, no qual Abu Bishr Matta B., Yunus é vizinho de Ackrill, John Lloyd. Um tradutor também, do dragomano ao artista, pode colocar toda sua vida e toda sua pessoa nas traduções, e é justo tirá-lo da invisibilidade.

Os ucranianos, organizados por Constantin Sigov, foram os primeiros a traduzir o *Dicionário*, a fim de trabalhar a língua filosófica ucraniana, diferenciando-a solidamente da língua russa, e criar uma comunidade de filósofos; ao mesmo tempo, eles o traduziram para o russo com pesquisadores russos e o publicaram em russo em Kiev[60]. Essa é uma colaboração que transcende conflitos e mereceria da Europa o reconhecimento de sua necessidade, contribuindo para esse trabalho de paz intelectual e inteligente.

Depois, Ali Benmakhlouf coordenou a tradução para o árabe da parte política e jurídica do *Vocabulaire* (verbetes como "Povo", "Lei" ou "Estado")[61], a fim de medir as distâncias, aclimatar e abrir, umas às outras, as línguas e culturas que a história certamente já reuniu (como mostra a presença do árabe no *Vocabulaire* como língua de passagem e vetor de transmissão filosófica), mas que, desde então, se ignoraram muito amplamente; a tradução para o árabe literal faz parte do novo momento de aceleração histórica na chegada dos textos, após o do

---

60. *L'Esprit et la lettre*, quatro volumes lançados em ucraniano entre 2009 e 2016 e um volume em russo em 2016.

61. *Le Vocabulaire politique du vocabulaire européen des philosophies*. Trad. do francês para o árabe, org. Ali Benmakhlouf e Mohamed-Sghir Janjar. Beirute/Casablanca: Le Centre culturel arabe, 2012.

século IX e o do século XIX, e, fiando-se no sistema da língua árabe para criar novos parônimos, ela contribui para redesenhar os limites do referencial intelectual, forçando a retrabalhar um bom número de verbetes, como "Sharia", com profundidade e a partir de dentro.

Os romenos, com Anca Vasiliu e Alexander Baumgarten, por sua vez, traduziram todo o conjunto para forjar uma terminologia filosófica estável e para pensar, a partir de dentro de sua língua, num momento em que a tradição teológica desaparecia, a relação entre a tradição latina e a tradição eslava.

O português brasileiro, com organização de Fernando Santoro e Luisa Buarque, refletindo, via tradução, sobre o que é uma língua pós-colonial, o português brasileiro em relação ao português europeu, a "antropofagia" linguística e os cruzamentos com as línguas indígenas: o que é uma *intradução*, para retomar o termo dos poetas concretistas? Como ingerimos a língua do outro?

Outras aventuras vão se desenhando: o hebraico coloca, com Adi Ophir, a questão efervescente da distância entre a língua sagrada, a língua da filosofia e a língua comum – uma oportunidade de fazer um balanço da língua hebraica, com uma volta à história da língua para romper com o duplo gueto colonial, da israelização e da americanização.

O italiano, sob o golpe histórico do problema da língua unitária, põe em xeque, graças a Rossella Saetta Cottone, Massimo Stella e Sara Fortuna, as fronteiras entre filologia, história da filosofia e filosofia, ou, para falar em termos contemporâneos, entre escrita, arte e ação política.

Depois virão os volumes do espanhol, no México e na Argentina – e com certeza não é irrelevante que os volumes do espanhol sejam feitos no México e na Argentina, a terra *dos* espanhóis queridos de Carina Basualdo, o do português, no Brasil, e o do inglês, nos Estados Unidos. O grego, liderado por Alessandra Lianeri, assumiria a tarefa evidente e difícil de articular reflexivamente a relação entre a língua grega antiga e a língua grega contemporânea, aliás uma função de suas práticas tradutórias. Finalmente, haveria o chinês, do qual só posso levar em conta, por enquanto, a estranheza[62], e a tradução que seria feita na Índia, em várias línguas "nacionais" ao mesmo tempo, para estabelecer comunicação entre elas, contra os perigos de um nacionalismo galopante, pelo menos algumas das diferentes línguas e tradições que fazem, ou faziam, da Índia um mundo aberto.

De todo modo, é evidente que existe uma dimensão política singular indissociável da dimensão da pesquisa filosófica sobre a língua e a tradução. Desde a primeira "transferência de saber", a chamada *translatio*, a que passa do grego ao latim e ao árabe antes de produzir vernáculos, sabemos que os caminhos da tradução, que constroem a civilização – e não somente no mundo mediterrâneo –, são caminhos de poder. *Translatio studiorum* e *translatio imperii*. "Precisamos de uma política do espírito, assim como precisamos de uma política do ouro, do trigo ou do petróleo", disse Paul Valéry em 1933 (esse é o lema escolhido pela cátedra rotativa da universidade da Córsega, ligado à questão das línguas ditas regionais[63]). Gostaria, com prazer, de colocar no plural: não precisamos de *políticas* do espírito?

---

62. Ver Xiao Quan Chu. "Que serait une traduction des intraduisibles en chinois?", em *Psychanalyser en langues. Intraduisibles et langue chinoise*, org. Barbara Cassin e Françoise Gorog. Paris: Démopolis, 2016, pp. 37-45.

63. Trata-se da "Chaire Esprit méditerranéen – Paul Valéry". [N. dos T.]

Cada tradução-adaptação é uma oportunidade para transformações, exclusões e adições substanciais. Para fazer justiça aos trabalhos em andamento, seria necessário produzir o que eu chamaria, a partir de Leibniz, de "geometral das diferenças", não o ponto de vista de Deus, *o* ponto de vista de todos os pontos de vista, mas, em sua variedade, a rede de adições, omissões, mudanças nas citações e críticas das traduções canônicas para esta ou aquela língua. Foi publicada em novembro de 2014, por ocasião dos dez anos do *Dicionário*, uma seleção de novos artigos, representantes de uma língua, pois se destinam, por sua vez, a serem traduzidos[64]. Só pode tratar-se de um todo em expansão, *pan* e não *holon*: com a barbárie, e também com a sofística, convém fazer o elogio do mau infinito, aquele fora do qual sempre há alguma coisa, o único capaz de perturbar ou desmontar o universal. Ao querer confeccionar assim uma espécie de dicionário de dicionários, sinto pela primeira vez que a forma do livro é um fardo. É provável que neste momento a invenção digital, tanto técnica quanto intelectual e estética, tenha de assumir o encargo de dar novas dimensões à composição das línguas e dos tipos de escrita, bem como

---

64. *Philosopher en langues. Les intraduisibles en traduction.* Paris: Éditions de la rue d'Ulm, 2014. Além dos prefácios dos reinventores do *Dicionário*, há uma seleção de novos artigos em línguas: o quadro "*Pryroda, natura, yestvo, yestestvo*", para confrontar o uso de palavras que dizem "Natureza" em língua eslava; um novo artigo "*Sharia*", para expandir e complexificar a entrada muito breve "*Nomos, torah, sharia*"; o quadro "*Gender and gender trouble*", como chave necessária à reflexão americana; a nova entrada "*Intradução*", no coração da economia poética e antropofágica da tradução; nova entrada geral sobre o todo de uma língua com *Le lexique philosophique roumain*; artigo piloto "*Erev Rav*" ("misturado, mistura"), para mostrar como o sentido de um termo bíblico se inverte num discurso religioso radical a ponto de designar, em vez daqueles que acompanham a saída do Egito, os inimigos do interior.

às relações entre os textos repletos de citações: como tornar imageável e imaginável, para além de uma simples digitalização do *corpus*, essa complexidade carregada de culturas?[65]

Energeia, ainda.

Intraduzíveis como método

É preciso partir do que Schleiermacher chama *Faktum* da hermenêutica, a saber, a não compreensão. O "método" para lidar com a não compreensão não é o de harmonizar, especialmente não muito e não muito rápido, mas o de transportar-se para a "zona de tradução"[66] e permanecer o máximo de tempo possível nesse *in-between*, entre-dois ou mais de dois, a fim de tornar-se um intermediário um pouco melhor, um *go-between*.

De fato, os "intraduzíveis" começam a desenhar algo como um procedimento extensivo capaz de nos tornar menos estúpidos em certo número de áreas. Mencionarei três que nos ocupam e que me parecem ser típicos, cada um em seu estilo.

---

65. Uma Wikipédia de intraduzíveis? Isso é o que o corajoso Tim Lomas empreendeu em relação aos sentimentos, disponível em: https://www.lemonde.fr/big-browser/article/2016/05/13/mamihlapinata pai-shibumi-ces-mots-intraduisibles-qui-decrivent-nos-sentiments_4919406_4832693.html; acesso em 9 fev. 2022. Tentei, dentro do projeto ECHO, a partir da digitalização parcial do único *Dicionário* francês que privilegiava os pontos de ancoragem que são as citações de línguas e suas traduções, estimular um mergulho em uma parte minúscula do *European Cultural Heritage Online*. Agora é o conjunto de traduções em expansão do *Dicionário* e seus complementos que aguarda seu mecenas.

66. Título em francês do livro de Emily Apter (*The Translation Zone: A New Comparative Literature*. Princeton: Princeton University Press, 2005). Trad. francesa: H. Quiniou. Paris: Fayard, 2015.

Les Intraduisibles du patrimoine en Afrique subsaharienne é o título de um projeto de pesquisa realizado com vários diretores de patrimônio e linguistas, em especial os da Academia Africana de Línguas (ACALAN). Tornou-se o título de um estranho livro, o primeiro de seu tipo, creio, escrito em quatro línguas, francês, inglês, fulani (fulfulde) e bambara (bamanankan)[67]. Nosso ponto de partida é uma simples observação: os bens africanos representam apenas dez por cento do "patrimônio mundial da humanidade", enquanto, na lista do patrimônio mundial em perigo, mais que a metade é africana. É fato que há mais de uma razão para isso, mas as palavras também estão aí por algum motivo. O significado atual do termo "patrimônio", sua universalidade aparente, é produto de um contexto institucional relativamente recente, datado do pós-Segunda Guerra Mundial, e amplamente consensual. A amplitude da ação patrimonial, muitas vezes realizada com urgência pela Unesco, mascara o fato de que o "patrimônio", as noções que ele delimita e os objetos que designa diferem de acordo com o lugar, o tempo e o universo linguístico em que ele toma forma. Quais são as relações entre natureza e cultura que determinam a própria ideia de "patrimônio", o que é uma "paisagem cultural", o que é um "museu"? Como se diz "patrimônio imaterial" numa língua que não seja a língua de pau da Unesco? E os famosos critérios que condicionam o "reconhecimento internacional de um bem patrimonial" ou sua "valorização como instrumento do desenvolvimento econômico, social e cultural": condições como excepcional, universal, simbólico, integridade, autenticidade, identidade, como são expressos em lín-

---

67. *Les Intraduisibles du patrimoine en Afrique subsaharienne*, org. Barbara Cassin e Danièle Wozny. Paris: Démopolis, 2014.

guas, que sentido têm na língua fula? Como redigir as *applications* para que sejam tanto compartilhadas pelas populações quanto aceitáveis pela instituição internacional? Esses são milagres diários urgentes quando se constrói um "Museu das Civilizações Negras", como Hamady Bocoum em Dakar, e que não se quer fossilizar nem domesticar.

"Psicanalisar em línguas" é o segundo domínio de exploração. O que significa "psicanalisar em línguas", no plural? Aqui também partimos, com o Institut Hospitalier de Psychanalyse de Sainte-Anne, aberto há alguns anos por Françoise Gorog, de problemas concretos: como podemos estar em condições de receber esses pacientes que vêm da imigração chinesa, que são nossos vizinhos? Precisamos de analistas capazes de ouvi-los, aos quais não basta falar ou entender chinês. Quais são as lacunas, os pontos de impacto para a teoria e a prática, e como podemos fazer se não for com e em torno da tradução de Freud e Lacan? Aqui também há necessidade tanto de ação rápida, com urgência, quanto de muita demora e precaução, entre filosofia, sociologia, linguística e psicanálise no cotidiano, nos halos de sons e palavras em línguas[68].

O projeto mais insano, ou seja, o mais necessário e o mais impossível, intitula-se por enquanto "Os intraduzíveis dos três monoteísmos". O método dos intraduzíveis nos permite não visar uma concordância qualquer de valores ético-religiosos, cuja analogia/heterogeneidade

---

68. Ver *Psychanalyser en langues. Intraduisibles et langue chinoise, op. cit.*, resultado da colaboração entre o Institut de Sainte-Anne, os hospitais de Pequim e Xangai, a Universidade de Sichuan, em Chengdu, e a Universidade Fudan, em Xangai, com o Professor Chu, um dos primeiros tradutores dos *Escritos* de Lacan.

teríamos de compreender; pelo contrário, ele nos obriga a partir dos próprios textos, em sua língua e em suas palavras. Esse ângulo de ataque, as línguas, impõe-se mais ainda na medida em que cada um dos três livros se coloca, de uma forma ou de outra, como "revelado" num vínculo orgânico com uma língua, e suscetível ou não à tradução. Um dos maiores riscos desse projeto é o de um consenso brando, encobrindo disparidades e surpresas por um universal postulado muito depressa. O outro risco é o de ancorar cada texto numa intuição que é incomensurável com a dos outros, permanecendo, assim, numa *doxa* fortemente não questionada: a "missão" do Islã seria para a "lei" da Torá o que a *fides* é para a fé neotestamentária. Nosso trabalho pode ser definido assim, consoante com o subtítulo deste livro: complicar o universal, longe de qualquer catecismo dos valores.

Conduzimos vários tipos de reflexão ao mesmo tempo: em primeiro lugar, uma reflexão sobre a relação, explícita ou implícita, entre cada um dos três livros e a tradução. Qual é, em cada caso, a relação com a língua da revelação, essa tradução "vertical" de Deus para seu profeta ou intérprete? Qual é, por outro lado, do ponto de vista da tradução "horizontal", a relação do livro revelado com as línguas das glosas ou dos comentários e com a diversidade das línguas vernáculas? Podemos traduzir a palavra de Deus, revelada numa língua que é sagrada justamente por isso? Que relação reflexiva o texto estabelece com sua língua?

Entre proibição e proselitismo, os textos sagrados das três religiões reveladas, a Torá, a Bíblia e o Alcorão, têm uma relação histórica e filosófica muito diferente com a tradução. Assim, pela tradição judaica e sua abundância hermenêutica, percebemos o surgimento da própria noção de tradução: o texto hebraico é quase sempre acompanhado pelo targum, comentário em aramaico, a ponto de não ser tão fácil dizer em que língua(s) a Bíblia foi escrita; a Septuaginta, uma tradução para o grego, é uma encomenda judaica; Talmude, Midraxe e Halacá são parte integrante da transmissão. A palavra hebraica para "hebraico", *ivri*, tem a raiz *avar, avor*, que significa "passar". As próprias palavras *sfat ivrit*, "língua hebraica", pelo jogo do que Marc-Alain Ouaknin chama de "anfibologia", dizem que se passa "de uma margem a outra" e "de uma língua a outra", "já que *língua* e *margem* são a mesma palavra em hebraico"[69]. Ora, a "língua", *safa*, é literalmente o "lábio"; mas nenhum de nós fala com um lábio, precisamos de dois. De imediato, estamos com o hebraico, "no entre-dois das línguas, das costas e dos lábios"[70]. "Misturemos aqui seus lábios para que um homem não ouça o lábio de seu companheiro"[71], traduz Chouraqui. "E aqui, embabelemos sua língua: Que não compreendam um a língua do outro", traduz Meschonnic. É assim que Deus chama de "Babel", Confusão, a torre e a cidade, e destrói o Um da língua, essa tentativa de "uma língua única, que seria a destruição da própria linguagem" e "a negação da hebraicidade do hebraico"[72]. Após Babel, com alegria: seria, longe de um dentro/fora encarnado pela ruptura *logos*/bárbaro, exatamente no balbucio de Babel em si, não castigo, mas acaso e precaução divina, que se teria pensado e dito algo essencial sobre a tradução, pelo

---

69. Marc-Alain Ouaknin. "La belle au bois drogman", em *Tenoua, Traduire, l'entre-deux du judaïsme*, Paris, n. 146, inverno 2011-2012, pp. 22-6 (este trecho na p. 24).

70. *Ibid.*, p. 25.

71. Gênesis, 11, 7.

72. Marc-Alain Ouaknin. "La belle au bois drogman", *art. cit.*, p. 25. Ver também Delphine Horvilleur. "De l'hébreu ou du culot interprétatif", no catálogo da exposição "Après Babel, traduire", *op. cit.*

entre-dois de uma língua não única – mas sem dúvida portadora de outro tipo de universalidade, cujos riscos não estou em condições de explorar aqui.

A Bíblia Católica se desdobra em língua latina, com a Vulgata de São Jerônimo, no longo tempo de sua hegemonia linguística, e quando é plurilíngue, com a Bíblia de Alcalá, por exemplo, descreve a coluna central, a do latim, como Cristo, enquanto as colunas que a ladeiam, em hebraico e grego, representam os dois ladrões. Ela, porém, tem a missão, horizontal, de evangelizar em todas as línguas, e suas traduções estão na origem ou na consolidação das línguas vernáculas.

O Alcorão está em árabe: foi em árabe que se efetuou a tradução vertical, a descida da palavra de Deus. Ele não pode ser traduzido (especialmente não em uolofe, como diz Bachir Diagne), mas seu "sentido" é traduzido, como evidenciam as primeiras edições intralineares. Contudo, "a língua é sacralizada pela Palavra que recebe, ou é porque é sagrada que é escolhida pela mensagem?"[73]

Todavia tudo isso é visto e pode até ser exposto pelos manuscritos e pelas edições[74].

Ao mesmo tempo, partimos das palavras em torno das quais se desenvolvem os textos, sem as quais eles não seriam o que são – em suma, *key words*, admito. Como

---

73. Souleymane Bachir Diagne. "Traduire la parole de Dieu. Le Coran", no mesmo catálogo. Ele relata as palavras de Rawane Mbaye: "Elas têm a ideia de que nossas línguas contêm [...] algo de irremediavelmente pagão, que inevitavelmente corroerá a pureza da mensagem". É dele que eu também pego emprestada a diferença tão operacional entre tradução vertical e tradução horizontal.

74. Descrevo aqui parte da exposição do Mucem, *Après Babel, traduire* (dezembro de 2016-março de 2017). Acrescento que nenhum desses projetos se concretizaria sem o apoio do LabEx TransferS (CNRS, ENS, Collège de France) e da Université Paris Sciences et Lettres. E agora vejo por que seria importante aprender tanto o hebraico quanto o árabe.

nomear Deus ("El", "Eloim", *theos*, *deus*, *eidōlon* e "ícone", "Alá", os "belos nomes")? Em que termos se diz o "livro" ("Torá", "Bíblia", *Scriptura*, "Evangelho", "Alcorão", "Islã")? O rito (sabá, domingo, sexta-feira)? Com que palavras articulamos o dentro e o fora (*"Goy"*, "Igreja", *"Dar"*)?

Mais de um, então, e até mesmo: mais de um Um.

Cada um já é, em si, mais de um: a homonímia, que agora explorarei, serve para pensar a respeito.

CAPÍTULO 2
ELOGIO DA HOMONÍMIA

> "É necessário compor a frase com as palavras em lugares tais que a frase tenha um sentido para cada um dos sentidos de cada um de seus termos."
>
> FRANCIS PONGE,
> *Pratiques d'écriture ou l'Inachèvement perpétuel*

> "Uma língua entre outras não é nada além da integral dos equívocos que sua história deixou persistirem nela."
>
> JACQUES LACAN,
> "O aturdito"

Do mal radical à impressão digital das línguas

A chave sofística do *Dicionário dos intraduzíveis* implica um elogio à homonímia.

"Homonímia e anfibologia, ou o mal radical na tradução": esse era o título de um artigo, publicado muito antes de *O efeito sofístico*, no qual fiz a ligação entre a sofística e o desespero do tradutor[1]. O *tertium quid* é de fato a homonímia. Porque a sofística, "filosofia de raciocínio verbal sem solidez nem seriedade", segundo a obtusa inteligência do definitivo Lalande, joga com o significante: ela joga o significante ao mesmo tempo com e contra o sentido, para fazer prosperar o sentido. Ela se aproveita das "duvidosas propriedades da linguagem", segundo a expressão de meu amigo Alain Badiou, mais platonista e mais filósofo do que eu. Ela faz o que fará a psicanálise,

---

1. *Revue de métaphysique et de morale*, Paris, 94 (1) 1989, pp. 71-8.

e em especial Lacan: de Aristóteles a Lacan, das *Refutações sofísticas* a "O aturdito", a relação com a homonímia, seu valor, se inverte.

Pois se há um caso em que a tradução, como a leitura ou a escuta, deve necessariamente se tornar interpretação, é o da homonímia. Estamos acostumados a considerar a homonímia como um puro acidente, meros fragmentos de dificuldades distribuídas de forma diferente pelas línguas e suscetíveis de pregar uma peça no tradutor desatento, tal como fazem os "falsos amigos". Contudo, em francês, por exemplo, desde que aprendemos a ler, percebemos que o sapato de Cinderela não era feito de *verre* ["vidro"], mas de um *vair* ["veiro", "pele de esquilo"], aliás, bastante misterioso, porque, na época dos contos de fadas, não sabemos nada do petigris; e falar francês é saber reconhecer sem dificuldade, graças ao contexto, a diferença dos referentes sob a identidade ocasional dos significantes ou mesmo das palavras. Desse modo, as homonímias de simples homofonia são, na teoria e na prática, na maioria das vezes, fáceis de resolver, já que, em geral, elas surgem numa determinada língua a partir do encontro puramente fortuito entre duas línguas diferentes; por exemplo, *rame* ["resma"] de papel e *rame* ["remo"] de embarcação, derivados, como mostra a etimologia, o primeiro do árabe, e o segundo, do latim. O tradutor simplesmente não deve ser mais tolo do que um outro qualquer e deve falar a língua.

As coisas se complicam assim que deixamos de considerar a homonímia como um efeito do acaso e um simples acidente, e passamos a vê-la como ligada à própria estrutura das línguas e da linguagem. Esse é o caso, de maneira paradigmática, de Aristóteles, que se vê obrigado, bem a contragosto, a conceber a homonímia, tal qual a ilusão transcendental segundo Kant, como um mal que sempre pode ser resolvido, mas que não para de renascer.

Acredito que Aristóteles tem razão em perceber a homonímia como constitutiva da língua, mas também acredito que o *Dicionário* permite reavaliar de forma radical esse perigo. Ele deve ser considerado, assim como Babel, não como uma maldição, mas como uma oportunidade. Proponho pensar na homonímia não como filósofa, mas como sofista e, mais precisamente, como sofista humboldtiana-lacaniana, uma logóloga apaixonada pela diversidade das línguas. Depois de ter produzido esse dicionário, a homonímia não me parece mais um mal radical, mas a impressão digital das línguas e a marca de sua singularidade.

O pé de uma montanha

Partamos novamente de Aristóteles para tentar compreender melhor o que é uma homonímia e por que é tão antifilosófico praticá-la.

O que, segundo Aristóteles, permite que os sofistas enganem por esses raciocínios que de raciocínio têm apenas a aparência e que chamamos "sofismas" é a própria relação que mais "naturalmente" e mais "comumente" há no mundo entre palavras e coisas:

> Posto que não é possível trazer para a discussão as próprias coisas e usamos nomes em vez de coisas, como símbolos, acreditamos que o que acontece com as palavras também acontece com as coisas, exatamente como com os seixos quando contamos. Mas não é assim que se dá, porque as palavras e a quantidade de expressões são limitadas, enquanto as coisas são de número ilimitado. É necessário, portanto, que a mesma expressão e uma única

palavra signifiquem várias coisas. Assim, como os que não são hábeis ao manusear os seixos são enganados pelos que sabem, da mesma forma quanto ao que é dito, os que não têm experiência do poder das palavras raciocinam mal, tanto quando eles mesmos discutem como quando escutam os outros.[2]

O problema não é obviamente que uma só palavra tenha diversas referências: é evidente que "homem" pode designar tanto Cálias quanto Sócrates. Na verdade, o problema não está no fato de que uma só palavra possa ter vários significados, mas no de que deva tê-los, dada a pobreza intrínseca da/de uma língua, isto é, sua finitude em relação à infinidade de coisas a se nomear. O exemplo dos seixos torna mais aparente ainda a diferença entre a matemática e a língua: é possível (se) enganar nos cálculos, mas certamente não por causa dos números, pois, com uma quantidade limitada de algarismos, conseguiu-se de fato nomear, sem confusão possível, cada um dos números, embora em quantidade infinita. Entretanto a convenção linguística não funciona tão bem: não conseguimos distribuir o conjunto das letras ou dos fonemas de forma a garantir a univocidade de cada palavra ou de cada expressão; em outras palavras, não cessamos de encontrar homônimos.

É preciso constatar que esses homônimos, de pobreza convencional, digamos, na maioria das vezes, se não sempre, nada têm de acidental, e que eles se referem de maneira efetiva à forma pela qual uma língua se inventa e se constitui. É impressionante ver que Aristóteles custa a encontrar um exemplo sequer que verifique a homonímia puramente acidental: não é óbvio, quando olhamos

---

2. Aristóteles. *Refutações sofísticas*, I, 1, 165 a 6-17.

para uma das longas varas curvas que servem para fechar as portas gregas, que seu paradigma de homônimos acidentais, *kleis*, "chave"/"clavícula"[3], mostra não um acidente, mas a imagem visual e a metáfora, como o "pé" de uma montanha, que ele também usa como exemplo? É assim que uma língua se cria e re-presenta, inventa seu mundo. A representação ou *mimêsis*, incluindo a imitação que caracteriza as artes, tanto a da pintura quanto a da poesia, é, aliás, explicitamente uma fábrica de homônimos. Prova disso é o exemplo escolhido por Aristóteles para ilustrar a definição que ele dá para a homonímia[4]: um homem e seu retrato; pois ambos se chamam *zōion*, "vivente, animal", sendo um de fato bem vivente e animado, e o outro, sem vida[5]. Vê-se quão longe estamos de uma localização moderna da homonímia na homofonia!

---

3. Aristóteles. *Ética a Nicômaco*, V, 1, 1129 a 27-31; ver I, 4, 1096 b 26 s. para a categoria dos "homônimos por acidente [*ta apo tukhês homonuma*]".

4. Recordo-a na tradução de F. Ildefonse e J. Lallot: "Chamamos homônimos os itens – maneira de traduzir o neutro plural, palavras ou/e coisas – que têm em comum apenas um nome, enquanto o enunciado da essência, correspondente ao nome, é diferente" (Aristóteles. *Catégories*, 1, 1 a 1-2. Paris: Seuil, 2002, p. 59); ver o artigo "Homonyme/synonyme" no *Dictionnaire des intraduisibles*.

5. Sofremos para ver como o exemplo é bom: será porque o pintor, dito *zōgraphon*, mesmo que pinte uma paisagem, pinta um *zōion*, traduzido como "quadro" e não como "animal"? Será porque o homem e o homem representado na tela são "homens" num sentido diferente, homônimos como o olho de alguém vivo e o olho de um cadáver, na medida em que não têm a mesma essência, definição, *energeia*? De todo modo, não se compreende essa definição de homonímia, uma palavra em comum mas não a mesma definição, enquanto não se considera a estratégia: ela é feita para matar as ideias platônicas, que nunca terão nada além de uma relação de homonímia com o sensível, e para firmar a predicação no lugar da participação. Ver o artigo "Homonyme", no *Dictionnaire des intraduisibles* e, finalmente, Barbara Cassin. *Jacques, o sofista*, op. cit., parte 4.

Aristóteles designa com frequência como homônimos, ou melhor, como homônimos acidentais, o que hoje chamaríamos de "sentido literal" e "sentido figurado", ou derivado, ou metafórico, mas com certeza não homônimos. Este é, a meu ver, um ponto de tortura doutrinal. Aristóteles caça todas as homonímias, mas é paradoxalmente o primeiro a sustentar que a metáfora, que consiste em ver o semelhante, como na filosofia, "pertence ao que visa o justo" e é "o sinal de uma natureza bem dotada"[6].

Obviamente não se trata, com a homonímia, da simples arbitrariedade de uma decisão individual. Pois, se alguém decide, por si mesmo, mudar pontualmente a convenção, "como se a quem chamamos homem outros chamassem de não-homem"[7], a dificuldade será mais dele do que nossa: como observa Espinosa, "ninguém [...] jamais conseguiu lucrar ao mudar o sentido de uma palavra, enquanto há com frequência lucro em mudar o sentido de um texto"[8]. Para realizar a mudança, seria preciso pelo menos explicar todos os autores que usaram a palavra no sentido comumente recebido, respeitar, contra seus próprios hábitos, o novo significado ao falar e ao escrever. Uma tarefa sobre-humana – mesmo que não deixemos de nos apropriar do sentido de uma palavra-xibolete, como "democracia", "povo", "progresso", "socialismo", "terrorista" ou "revolução". Desmond Tutu, como Tucídides, aponta para a "guerra civil das palavras" quando observa, no "Prefácio" aos trabalhos da Comissão de Verdade e Reconciliação, que, durante o *apartheid*,

---

6. Aristóteles. *Retórica*, III, 11, 1412 a 12-13; e *Política*, 22, 1459 a 7 s.

7. Aristóteles. *Metafísica*, IV, 4, 1006 b 19-20.

8. Espinosa. *Traité des autorités théologique et politique*, em *Œuvres complètes*. Paris: Gallimard, 1954, p. 721 (Col. "Bibliothèque de la Pléiade").

foram chamados "terroristas", indistintamente, os que eram culpados de atos de terrorismo e os que lutavam por meios legais e pacíficos, confundindo-os sob uma "categoria única de 'pessoas a matar'"[9].

A rigor, uma homonímia estabelecida de forma arbitrária está obviamente suscetível a ser derrotada por uma nova convenção: "Não faz diferença se dissermos que 'homem' significa mais coisas, desde que sejam determinadas, porque poderíamos apor uma palavra diferente a cada enunciado"[10]; desde que os sentidos sejam enumeráveis e atribuíveis, é sempre lícito reservar de novo a palavra "homem" para o que é definido como animal bípede. A homonímia se resolve tão logo é percebida: basta desdobrá-la em sua polissemia e consultar um bom dicionário ou, na sua falta, produzir um, como Aristóteles, com o livro *Delta* da *Metafísica*.

O único problema real resulta das homonímias normalmente inscritas na língua, as que derivam da linguagem ordinária, e não de uma vontade perversa. Naturalmente, é sempre possível dissipá-las também, por uma convenção melhor, de caráter resolutamente nomotético: pode-se interpretar com razão a maior parte da filosofia de Aristóteles, aliás a própria filosofia, como uma recriação desse tipo do grego e da língua. As "categorias", por exemplo, opõem-se a uma possível homonímia do verbo "ser", listando e orientando a pluralidade de seus sentidos sob a hierarquia da essência, para fazer dela uma polissemia instruída e ordenada; elas permitem que se façam as perguntas certas (quanto, qual, em

---

9. "Préface" do Relatório, II, 90 (trechos em *Amnistier l'apartheid. Travaux de la Commission Vérité et Réconciliation*, dir. D. Tutu, org. Ph.-J. Salazar. Paris: Seuil, 2004).

10. Aristóteles. *Refutações sofísticas*, 1006 a 34-1006 b 2.

relação a quê, onde, quando etc.) e, assim, discernir, em cada enunciação, de qual sentido único se trata. A polissemia nada mais é que uma homonímia sob controle.

Por isso, ler com Benveniste essas categorias de pensamento como categorias de língua é reconduzir, por meio das ferramentas da linguística comparada, o *pollakhōs legomenon*, a pluralidade dos sentidos do ser, que é a grande preocupação de Aristóteles, até a homonímia, uma homonímia contingente e particular da língua grega, da qual toda a intenção de Aristóteles consiste precisamente em se distanciar. É por essa razão que a operação de Benveniste é de uma grande selvageria. Ela implica sem dúvida, muito mais radicalmente, a constatação de que a língua sempre retoma o controle: mesmo que aperfeiçoemos o uso e distingamos os sentidos, isso não impede que o uso aceito como "primitivo" permaneça, como se fosse o resultado de uma singularidade natural. Bem mais difícil de reformar que a ortografia... Mal radical da língua, no final das contas, porque depende da própria natureza da convenção que a faz existir. A homonímia, inclusive sob a forma de polissemia, está inscrita na singularidade de cada língua: ela manifesta sua contingência e perturba radicalmente sua pretensão ao estatuto de *logos*.

Homonímias e anfibologias ou a cruz dos tradutores: um caso exemplar

Discurso-tempo

O sofista é quem se coloca na posição de fingir que a homonímia não existe: essa é a forma correta de tirar proveito dela. Ele age como se o *legein* fosse de fato, de maneira indissolúvel, um dizer-e-pensar, de forma que um pensamento externo ao dizer nunca seja capaz, ele próprio, de ditar a lei; como se o grego fosse realmente a única língua possível, seguindo as indicações não somente dos filósofos, mas da própria língua, que nomeia os bárbaros a partir de seu blá-blá-blá, ininteligível. Em outras palavras: ele age como se o *logos* fosse e não fosse nada além da série de performances efetivamente produzidas, da maneira como elas se desenrolam no tempo. Discurso-tempo mais que discurso-figura: num enunciado, como numa frase musical, o ouvinte só precisa esperar o fim. Contudo as etapas pelas quais seu ouvido passa determinam a compreensão.

A mais simples das frases de Górgias é suficiente para mostrar isso. *To mē on esti mē on*[11]: "O não ente é não ente". Anódino princípio de identidade ou performance violentamente equivocada? Tentarei seguir esse exemplo de modo extremista, para me lamentar como tradutora...

Aproveitando a enunciação e o tempo de produzi-la, Górgias faz ouvir, com *to mē on esti*, que o não ente é, com um "é" de existência. Ele continua sua frase e faz ouvir, com *to mē on esti mē on*, que "o não ente é não ente", com um "é" de ligação – de onde decorre que o não ente não é, como todos sabemos. O não ente existe/o não ente é não ente – não existe.

Que seja. Mas há algo pior que esse uso do tempo e essa inevitável submissão ao dis- da discursividade. Pois Górgias também nos obriga a ouvir, não somente na enunciação, mas no enunciado como tal, algo que desobedece ao princípio de identidade. A frase por si só admi-

---

11. Górgias, "Sobre o não ser ou sobre a natureza", em Pseudo-Aristóteles, *De Melisso, Xenophane et Gorgia*, 979 a 25 s. Ver: *Se Parmênides, op. cit.*, p. 199, e o verbete "*Esti*" do *Dictionnaire des intraduisibles* (em especial, o quadro 3).

te de fato, sem tortura, que o sujeito, reconhecível por seu artigo (to *mē on*, "o não ente"), não é com certeza idêntico ao predicado, que com frequência não tem artigo e é gramaticalmente reconhecível mesmo com essa ausência (*mē on*, "não ente"). Na verdade, em grego, o artigo é obrigatório antes do sujeito, não importando a ordem das palavras, e mesmo para nomes próprios – *ho Sōcrates*, literalmente: "o Sócrates", é a forma comum de designar Sócrates como sujeito. Tanto que o mais banal dos enunciados de identidade, ao mesmo tempo que indica *a priori* a consistência substantiva e substancial do sujeito gramatical (*o não ente, o* Sócrates), cria sozinho e muito hegelianamente *epideixis*, demonstração demonstrativa, *contra* o chamado princípio de identidade que se supõe que ele promulga. O não ente que não é "o não ente", mas somente "não ente", não é totalmente idêntico a si mesmo. Como diz Hegel em *A ciência da lógica*, "aqueles que querem persistir na diferença entre ser e nada podem se sentir convidados a indicar no que ela consiste"[12].

É claro demais, então, que esse tipo de texto é a cruz do tradutor. Uma *epideixis*, uma "performance" sofística, não pode ser traduzida mais do que pode ser resumida, e pelas mesmas razões: pela própria posição de Hípias ou de Górgias em Platão, não há outra possibilidade senão a de reproduzi-la de forma idêntica, de reiterá-la diante de outrem ou mesmo diante dos mesmos[13]. Sem dúvida, há aí uma combinação das dificuldades tão confusas e profundas da poesia com as tão específicas e exasperantes

---

12. G. W. F. Hegel. *A ciência da lógica*. v. 1. Trad. Christian G. Iber, Marloren L. Miranda e Federico Orsini. Petrópolis: Vozes; Bragança Paulista: Edusc, 2016, p. 96.

13. Assim: *Hípias maior*, 282 c, 286 a; *Hípias menor* 383 c; ver *Górgias*, 447 c.

do jogo de palavras: traduzir Górgias é se bater tanto com Parmênides quanto com o *corpus* de chistes reunidos por Freud.

Pior: o mesmo fenômeno de homonímia se produz também no nível da sintaxe. A transparência da tradução verdadeira é, para Benjamin, sobretudo o efeito da "literalidade na transposição da sintaxe"[14], arcada no muro que a sintaxe ergue diante da língua do original. É importante dizer o quanto as coisas se complicam quando percebemos que a homonímia não afeta apenas o sentido das palavras, mas também corrói diretamente o sentido das frases: além da homonímia semântica, Aristóteles isola de fato uma homonímia sintática, que chama "anfibologia", literalmente, a que "envolve de todos os lados ao mesmo tempo". E, novamente, a sofística emprega as múltiplas possibilidades de dada sintaxe como se fosse matéria significante. Dessa forma, é quase impossível passar para o francês, sem multiplicar as N. do T. no rodapé, qualquer uma das refutações sofísticas desse tipo dadas como exemplo por Aristóteles, como Platão havia feito em forma de farsa, em *Eutidemo*. Talvez seja possível ouvir em "desejar a captura do inimigo" que eu capture e que eu seja capturado, mas não podemos pôr numa única frase o muito significativo *sigōnta legein*, que tanto quer dizer "falar se calando" (particípio no acusativo masculino plural, atributo do sujeito oculto de *legein*) como "dizer coisas mudas" (acusativo objeto, no neutro plural)[15].

---

14. Walter Benjamin. "A tarefa do tradutor", em *Escritos sobre mito e linguagem (1915-1921)*, org. J.-M. Gagnebin. Trad. Susana Kampff Lages e Ernani Chaves. 2. ed. São Paulo: Duas Cidades; Ed. 34, 2013, p. 115.

15. Cf. Aristóteles. *Refutações sofísticas*, 4, 166 a 12-14; 10, 171 a 7 s., a 17-b 2; 19, 177 a 20-26.

A suspeita chegou a nós pela homonímia; com a anfibologia, a questão é inegável: trata-se da "essência" de uma língua e, neste caso, a "essência" da língua grega. Especialmente na medida em que as primeiras e mais fundamentais anfibologias em grego e latim dependem, para nós que seguimos a ordem "normal" (natural e universal, se acreditarmos em Rivarol...)[16] *S é P*, da liberdade na ordem das palavras: nessas duas línguas antigas, pelo contrário, como num bom número de línguas "modernas", sujeito e predicado, assim como sujeito e objeto, podem (com certas condições, em especial para o grego, a presença de casos e certas regras no uso do artigo, inclusive a que vimos no que concerne ao sujeito) trocar sua posição de direito e de fato, mesmo quando varie o que se poderia chamar de acento de sentido, indeterminável para nós que nos tornamos surdos ao ritmo.

Um morphing?

Podemos dizer sem medo que um texto que explora todas as possibilidades de homonímia e anfibologia inerentes à língua é um texto intraduzível, e o paradigma desses textos, se acreditarmos em Aristóteles, é constituído de textos sofísticos. Para tornar visível a dificuldade em sua amplitude especializada, basta um exemplo, um enunciado um pouco mais complexo que o enunciado de identidade anterior, e ainda assim tributário em palimpsesto do *Poema* de Parmênides como um todo. Na versão anônima do *Tratado do não ser* de Górgias, a demonstração própria do sofista se anuncia por uma frase

---

16. Ver abaixo, cap. 3, p. 154 s.

que, ao que tudo indica, foi relatada *expressis uerbis*: *ouk estin oute einai oute mē einai*[17]. É de fato essa frase, está bem claro, que dá o tom da "demonstração própria dele", de Górgias. Ora, essa fórmula é tanto homonímica quanto anfibológica. A fim de explicá-la melhor, permitam-me não traduzi-la ainda, mas descrevê-la do exterior.

Primeiro, vejamos aqui a análise elemento por elemento, como a que deve ser apresentada a qualquer criança que aprenda uma língua:

Ouk estin oute einai oute mê einai
ouk = negação objetiva ou de fato: "não"
estin = 3ª pessoa do singular do presente do verbo ser: "é"
oute = 1ª parte da negação composta: "nem"
einai = infinitivo presente do verbo ser: "ser"
oute = 2ª parte da negação composta: "nem"

---

17. *Sobre Melisso, Xenófanes e Górgias*, 979 a 24 s. Aqui está o contexto – pelo menos em minha tradução, ou melhor, uma de minhas traduções: "Que não é nem um nem múltiplas coisas, nem ingênitas nem engendradas, ele o mostra em parte seguindo Melisso e em parte seguindo Zenão, após uma primeira demonstração bem própria dele, na qual ele diz que *não é possível nem ser nem não ser. Pois se o não ser é não ser* [é a frase que acabo de comentar à parte], não menos que o ente, o não ente seria: com efeito, o não ente é não ente assim como o ente é ente, de modo que são, não mais que não são, as coisas efetivas. No entanto, se o não ser é, o ser, diz ele, seu oposto, não é. Com efeito, se o não ser é, convém que o ser não seja. De modo que, nesse caso, diz ele, nada seria, uma vez que não é a mesma coisa ser e não ser. Mas, se é a mesma coisa, nesse caso também não seria nada: com efeito o não ente não é, assim como o ente, se, ao menos, ele é a mesma coisa que o não ente. Eis aí, portanto, o discurso mesmo dele" (*De M.X.G.*, 979 a 21-36, em *Se Parmênides, op. cit.*, pp. 197-9]. Entendemos que a própria possibilidade de traduzir um texto desse gênero depende da única ética do tradutor que é válida: respeitar as distinções – infinitivo/particípio, artigo/não artigo, negação/afirmação. Ainda mais no texto torturado pelas correções dos editores, que não supõem nem que devam entender esse tipo de verborragia nem que isso mereça sua atenção.

mê = negação proibitiva: "não", "de modo algum"
einai = infinitivo presente do verbo ser: "ser"

E aqui estão os três possíveis significados de *esti* (acrescentemos, para que se entendam bem as equivalências que darei, que o verbo em grego pode normalmente ter um sujeito sem que seja preciso expressá-lo na forma de pronome pessoal: "ele, ela, isso é" se diz *esti*, "é", apenas). *Esti* pode ser:

    1. verbo de existência: "existe"/"S (ele, ela, isso) existe", "há S";
    2. verbo de ligação – então, seguido de predicado: "é"/"S (ele, ela, isso) é P (tal e tal)";
    3. além disso, no começo da frase e seguido de um infinitivo, pode funcionar como um impessoal ressaltando uma possibilidade: "é possível que S (ele, ela, isso) seja", "é possível ser."[18]

A frase completa, *ouk estin oute einai oute mē einai*, é tanto homonímica quanto anfibológica. É homonímica porque joga com *esti* em todos os sentidos do verbo "ser", que, neste caso específico, a acentuação dos manuscritos, codificados tardiamente, não nos permite sequer distinguir. É anfibológica porque, dependendo do sentido de *esti* que se adota, três construções do que se segue são possíveis e igualmente verossímeis. Os sentidos de *esti* são bem conhecidos e atestados. Em geral, são entendidos isoladamente. Aqui, contudo, em vez de se

---

18. Deixo de lado o sentido às vezes chamado "veritativo": "é o caso", forma de fazer uma declaração, de aprovar, como *it is* ou *isn't it* em inglês; *esti* muito comumente significa "sim" se usado sozinho, em resposta a uma pergunta, por exemplo. Ver a análise feita no *Dictionnaire*, s. v. "*Esti*".

excluírem, eles se concatenam entre si e geram uma sintaxe diferente.

Não nos exaltemos: é tudo claro, normal, normatizado. Devo poder escrevê-lo num quadro tão convincente e irrefutável quanto a característica de Leibniz, exceto que desta vez não será universal, mas ligada a uma língua e às possibilidades singulares de uma semântica e de uma gramática. Como observa Edward Sapir, "este aspecto quase matemático da língua do gramático [...] tem, no entanto, uma prodigiosa vitalidade intuitiva"[19].

Aqui, então, está a combinatória das possibilidades da frase, indissoluvelmente sintáticas *e* semânticas, ambas sendo decididas juntas:

1. *Esti* = "existe": os infinitivos só podem, então, ser sujeitos.
2. *Esti* = "é": os infinitivos só podem, então, ser predicados.
3. *Esti* = "é possível": os infinitivos só podem, então, ser completivos.

Recapitulo. Se se trata do verbo de existência e dos infinitivos sujeitos, então: "nem ser nem não ser existem"[20]. Se é verbo de ligação, com os infinitivos predicados de

---

19. Edward Sapir. "Le langage" [1933], em *Linguistique*. Paris: Gallimard, 1991, p. 37.
20. Esta é uma exceção à regra que mencionei antes, segundo a qual o artigo é, em grego, o marcador do sujeito. Como justificar isso? Nada mais simples (que pena?): a ausência do artigo "está lá para" reforçar o aspecto verbal do infinitivo e sua diferença em relação ao particípio substantivado, *to on*, "o ente", que aparece na posição de sujeito, pouco depois, na demonstração, como no *Poema* de Parmênides, ou, se se preferir, como Tartufo na peça de Molière, que é tão esperado, mas só aparece no Ato III.

um sujeito normalmente oculto e contido no verbo, então: "isto (ele, ela, x) não é nem ser nem não ser". Finalmente, se o sentido é modal e os infinitivos são completivos, então: "não é possível nem ser nem não ser"[21].

Paremos por um instante. Se escolhemos entender o sentido modal da possibilidade para *esti*, então não impedimos o sentido existencial? A frase não pode significar ao mesmo tempo "não é possível nem ser nem não ser" e "nem ser nem não ser existem"! A discursividade não está sujeita também à força retrógrada do verdadeiro? É a continuação da frase, o contexto, como se diz, que deve fazer com que se compreenda o início corretamente e bloquear o sentido de "existência". Afinal, quando se fala alemão, é preciso esperar até o final da frase, onde está o verbo, para entender o sentido[22].

A frase não pode? Mesmo?

Ao contrário, eu creio que a "tradução" menos ruim, na medida em que ainda possamos usar esse termo, se serviria de parênteses como álibi, para sugerir a ubiquidade da frase: "*(il) n'est pas ((possible)) ni ((d')) être ni ((de)) ne pas être*" ["não é ((possível)) nem ((o)) ser nem ((o)) não ser"]. A sequência significa ambos, em toda ortodoxia gramatical: "*il n'est possible ni d'être ni de n'être pas*" ["não é possível nem ser nem não ser"]: em outras palavras, não há verbo; "*ni être ni non-être ne sont*" ["nem ser nem não ser não são"]: em outras palavras, não há sujei-

---

21. Deixo de lado as formas elegantes de verter a negação e me permito, sem comentários, a variação "*ne pas être*", "*n'être pas*", "*non être*" (ou pior: "*non-être*"). Outra aula de grego/francês, com certeza...

22. Foi Heinz Wismann, um extraordinário pedagogo, que, quando era professor de alemão na Sorbonne, contou-nos a história de um texto nessa língua em que faltavam as últimas páginas, e junto com elas todos os verbos...

to; e *"ce n'est ni être ni ne pas être"* ["não é nem ser nem não ser"]: em outras palavras, não há predicado. Pois, é claro, na demonstração de Górgias, nenhum desses três sentidos se exclui, já que eles se seguem um ao outro de forma regulada: se "ser" e "não ser" não têm existência, então eles nunca poderão servir como verbos em nenhuma frase, situação em que não se saberia dizer, sobre nenhum sujeito, que ele é ou não é.

Quando empreendi uma edição-tradução do *Tratado* de Górgias e do *Poema* de Parmênides, gostaria de ter podido elaborar, para cada sequência, um quadro de alternativas semânticas e sintáticas que se encaixam umas nas outras – não consegui por falta, entre outras coisas, de modelagem adequada sobre o suporte papel. Seria preciso materializar, como um cálculo desenvolvido no espaço, essa abertura de possíveis, com seus compossíveis, no sentido leibniziano, e seus caminhos que se fecham assim que certas interpretações, possíveis na etapa anterior da sequência discursiva temporalmente enunciada (é o que significa "dis-cursividade"), se tornam impraticáveis pela palavra seguinte. Tudo isso é temporalizado, e ainda assim copresente como as notas de uma música. Uma tradução seria, assim, da ordem de uma arborescência evolutiva, e não de uma linha. Quero acreditar que as ferramentas digitais, manuseadas por um artista, seriam capazes de produzir esse artefato um pouco mais facilmente. Seria preciso um *morphing*... E quero acreditar que o grego não é único; que, se soubesse hebraico ou chinês, eu poderia "naturalmente" seguir homonímias e anfibologias semelhantes portadoras de muitos outros refinamentos.

Palimpsesto, tradução intralinguística e auge da escrita

De fato, assim que se considera seriamente o *Tratado* de Górgias como uma leitura e um contratexto do *Poema* de Parmênides, parece que o equívoco, homonímico e sintático, não é nem uma coincidência nem um defeito: é a implementação refletida de um recurso da língua, sendo a questão, para Górgias, manifestar a forma pela qual esse recurso já foi explorado, embora sub-repticiamente, no texto fundador. É por isso que uma única língua pode bastar, quando treinamos o ouvido, para revelar suas próprias ambiguidades por meio de algo como uma tradução intralinguística. Podemos dizer que Górgias opera, com o *Tratado do não ser*, uma tradução intralinguística do *Poema* de Parmênides, cujo propósito é manifestar o uso equívoco que Parmênides faz de *esti*, "é", equívoco no qual Górgias diagnostica a condição de possibilidade da ontologia. Ele mostra que apenas o equívoco – entre modalidade, ligação e existência, entre sujeito e predicado – permite que o ser funcione na ontologia. Ele se utiliza do equívoco para provar que o ser é um efeito da língua e um efeito do dizer e que, longe de ter estado sempre ali, é produto do *Poema* de Parmênides. É para isso que serve dessa vez o palimpsesto[23].

Essa leitura se impõe quando retomamos o próprio *Poema*, passo a passo. Parmênides começa do verbo, *esti*, e tira dele o infinitivo *einai* para chegar ao sujeito triunfante da filosofia, *to on*, "o ser". Não retomarei a análise aqui. Basta compreender que todas as etapas do *Poema* de Par-

---

23. Só posso me referir a *Se Parmênides*, *op. cit.*, e a Pedro Barbieri. "Sobre a Natureza, de Parmênides de Eleia", *op. cit.*

mênides, "Sobre a natureza ou sobre o ser", que constituem a trama da língua grega, estão ao mesmo tempo escondidas e visíveis logo que dispomos do *Tratado* de Górgias, "Sobre o não ser ou sobre a natureza", produzido para mostrá-las. Assim, realmente toda uma leitura crítica do *Poema* de Parmênides é operada pela simples frase que acabamos de analisar. Ela indica aos poucos as próprias operações homonímicas e anfibológicas que o texto "origem" praticou – "sem querer, querendo" me parece aqui uma boa fórmula ideológico-pragmática –, quer tenha seguido a grande inclinação histórica do grego, para Heidegger, quer tenha se beneficiado da singularidade conjuntural de uma língua entre outras, para Benveniste, mas, de todo modo, não sem o grego. Afinal de contas, o equívoco é um diagnóstico banal, particularmente fácil em grego e no caso do ser, o que trará concórdia aos inimigos filosóficos inteligentes. Desse modo, Heidegger: "a língua grega é filosófica, isto é [...] não é marcada impositivamente por uma terminologia filosófica, mas é filosofante como língua e como configuração linguística [*Sprachgestaltung*]"[24]. E – enfim, igualmente – Benveniste: "Tudo o que se quer mostrar aqui é que a estrutura linguística do grego predispunha a noção de 'ser' a uma vocação filosófica. Ao contrário, a língua *ewe*..."[25] Que a língua *ewe*

---

24. Martin Heidegger. *A essência da liberdade humana: introdução à filosofia*, op. cit., p. 69.

25. Émile Benveniste. "Categorias de pensamento e categorias de língua", em *Problemas de linguística geral*. v. 1. Trad. Maria da Glória Novak e Maria Luiza Neri. 3. ed. Campinas: Pontes; Ed. Unicamp, 1991, p. 79.

Os cinco verbos *ewe* identificados por Benveniste são: *nyé*, que marca a identidade do sujeito e do predicado; *le*, que expressa a existência ("Deus existe, ele está aqui") e *no* ("ele está lá"); *wo*, que indica a matéria ("ser arenoso"); *du*, que designa a função ("ele é um rei"); e *di* ("ele é magro").

disponha de cinco verbos distintos que correspondem aproximadamente ao verbo "ser" ressalta que esse equívoco que "faz filosofia" pertence ao grego, uma vez que só podemos cogitar juntar esses verbos *ewe* a partir de um ponto de vista grego.

Há mais de uma tradução, porque as palavras, não apenas tomadas uma por vez, mas tomadas juntas numa frase, num texto e num contexto, apresentam equívocos persistentes, que formam combinações dotadas de significado. Não falo do "Gavagai" de Quine[26], coelhidade ou pedaço de coelho, ou da inescrutabilidade da referência, tampouco falo do significante ou do intraduzível corpo das línguas, falo simplesmente da intimidade de cada língua em seu uso não estritamente comunicativo, na medida em que não se reduz nem a um *globish* (versão baixa) nem a uma característica universal (versão alta). Não acredito que o texto que acabei de analisar seja uma exceção. Ao contrário, acredito que se trate de um espelho do texto, como dizemos "espelho do príncipe", e de uma textura máxima. Vemos aqui o que uma língua pode fazer, o que um autor pode fazer em sua língua, o que uma cultura e uma tradição podem fazer, e receio, ou melhor, espero que todas as culturas e tradições sejam tecidas e textualizadas dessa forma, inclusive as mais orais[27].

---

26. Refiro-me aqui de uma forma bastante alusiva à tese de Quine sobre a indeterminação da tradução radical: "a indeterminação não significa que não há tradução aceitável, mas que há muitas". ("The behavioral limits of meaning", conferência de 1984, retomada em "Indeterminacy of Translation Again", *The Journal of Philosophy*, New York, v. 84, n. 1, jan. 1987, pp. 5-10; ver também, Sandra Laugier, "Traduire", quadro 3, *Dictionnaire des intraduisibles, op. cit.*, p. 1319).

27. Essa dimensão de "cultura" está ausente da interpretação instruída e virulenta que Pascale Casanova propõe da língua mundial, das lutas de poder linguísticas, guerras e apropriações. A cultura, assim como

É esse uso que Francis Ponge descreve como um "auge da escrita":

> Cada palavra tem muitos hábitos e potências; seria necessário toda vez lidar com eles, usá-los todos. Esse seria o ápice da "propriedade nos termos". [...]
> Seriam necessárias, na frase, palavras compostas em lugares tais que a frase tivesse um sentido para cada um dos sentidos de cada um de seus termos. Esse seria o ápice da "profundidade lógica na frase" e realmente a "vida", pela multiplicidade infinita e pela necessidade das relações.
> Ou seja, seria o ápice do prazer da leitura para um metafísico.
> E a cozinheira, a seu modo, pode achá-la agradável. Ou entendê-la.
> A regra de agradar seria, assim, obedecida na medida do possível, ou o desejo de agradar satisfeito.[28]

A depender de como as vemos, a homonímia e a anfibologia aparecem ou como a essência pensante de uma língua ou como seu virtuosismo gímnico. Textos sofísticos apresentam a grande vantagem de forçar o tradutor a tomar consciência dessas dificuldades. Como sabemos, pode-se passar horas em cima de uma frase e uma vida em cima de um texto.

Como a tradução viola regularmente o princípio da não contradição, ou a patologia do universal, *bis*

Defendo que a tradução, mais até que a escrita, viola regularmente o princípio da não contradição na medida

---

a aventura das traduções da Bíblia, que contribui para a produção dos vernáculos, fica de fora de seu notável livro *A língua mundial, op. cit.*

28. Francis Ponge. *Pratiques d'écriture ou l'Inachèvement perpétuel*. Paris: Hermann, 1984, p. 40.

em que há mais de uma (mais de uma: possível/boa/correta/verdadeira?), porque isso é suficiente para infringir o princípio, pelo menos em sua forma aristotélica. O princípio da não contradição se baseia na exigência de univocidade estrita: uma palavra, um sentido ou, de todo modo, nada de dois sentidos de uma vez, dois significados ao mesmo tempo. Assim, com a tradução, há sempre um confronto entre dois equívocos não sobreponíveis.

Para tornar claro, devo partir novamente do enunciado do princípio de Aristóteles no livro *Gama* da *Metafísica*. Aqui está o enunciado:

> É impossível que o mesmo pertença e não pertença simultaneamente ao mesmo e segundo o mesmo (1005 b 19-20).

Sua demonstração é muito notável. Ela não pode ser direta, em termos lógicos de existência ou de pertença predicativa, como propomos com frequência sem voltar ao texto (esta mesa é e não é, é branca e não branca), porque, diz Aristóteles, ela então incidiria na petição de princípio. Ela procede, portanto, "por refutação", exigindo que o adversário diga algo para que se possa, a partir daí, provar-lhe que, apenas por falar, ele já respeitou o princípio que acredita rejeitar. A demonstração segue de tal forma que joga com o que podemos chamar, de modo apropriado, de condições transcendentais ou condições de possibilidade da própria linguagem. Relembremos o essencial da demonstração (pedindo desculpas por este lembrete ao leitor que já o conhece – mas se ele já conhece é porque terá lido nossa tradução, e não outra):

> Pode-se demonstrar por refutação que existe uma impossibilidade bastando que o adversário **diga alguma**

coisa [*an monon ti legēi*]; e se ele não diz nada, é ridículo procurar o que dizer em resposta a quem não sustenta um discurso sobre algo, na mediēa em que ele não sustenta nenhum discurso; pois tal homem, na medida em que ele é assim, é a princípio **similar a uma planta** [*homoios phytōi*] [...]. O ponto de partida em todos os casos desse tipo não é exigir que se diga que alguma coisa seja ou não seja (pois logo se afirmaria que isso é uma petição de princípio), mas que se **signifique alguma coisa, tanto para si quanto para um outro** [*sēmainei ge ti kai autōi kai allōi*]; pois isto é necessário a partir do momento em que se diz alguma coisa. Para quem não significa, não haveria discurso, nem dirigido a si mesmo nem a um outro. E se alguém aceitar significar, haverá uma demonstração: a partir daí, haverá alguma coisa determinada [...].

Pois **não significar uma única coisa é não significar nada**, e, se as palavras não significam, destruímos a possibilidade de dialogar uns com os outros e, na verdade, até consigo mesmo.[29]

Como podemos ver, a demonstração funciona estabelecendo-se uma cadeia de equivalências que eu destaco: "falar" = "dizer alguma coisa" = "significar alguma coisa" = "significar uma só coisa", "o mesmo, para si mesmo e para os outros". Tanto que o sentido é a primeira entidade encontrada e encontrável que não pode tolerar contradição: o mundo é estruturado como uma linguagem, e, em todo caso, o ente é feito como um sentido. A exigência de univocidade é tão estruturante quanto a proibição do incesto. De duas, uma: ou o adversário diz algo que tem um só sentido, fala como Aristóteles e se submete ao princípio; ou ele recusa, mas, nesse caso, ele

---

29. Aristóteles. *Metafísica*, IV, 1006 a 11-25; 1006 b 7-9 (grifo meu). Trad. B. Cassin e M. Narcy, em *La Décision du sens*. Paris: Vrin, 1989, ao qual me refiro para essa análise.

de fato não fala, não satisfaz a definição do homem como animal dotado de *logos*: é uma planta. O princípio da não contradição se apoia assim, de Aristóteles a Apel e Habermas, numa prescrição que se apropria do universal: fale (como eu, comigo) se você é um homem!

E se eu não quiser? E se eu quiser que não? Não há nada a fazer, somos todos aristotélicos, quer o saibamos e queiramos quer não, em quase todos os nossos discursos e ações. Se escrevo e você me entende, é porque escrevo ou tento escrever como Aristóteles desde sempre e para sempre estipulou e postulou: de forma não contraditória. As releituras de nossos editores, depois das dos copistas e filólogos, estão aí para nos colocar no caminho certo.

Percebemos na hora, na esteira do *logos* que Aristóteles torna o grande feito filosófico, a patologia do universal, ou seja, a exclusão. Fale como eu se você for um homem, ou então... Ou então você é, desta vez, não mais um bárbaro, mas uma planta que fala. Um oxímoro chamado sofista.

Protágoras, que será nosso protagonista no próximo capítulo, é, para Aristóteles, o epônimo dos resistentes extremistas, o nome próprio da planta. Todo o trabalho do filósofo filantropo é humanizar as pessoas. Assim, ele faz de tudo para garantir que o princípio universal seja universalmente aceito como de direito. No entanto ele se depara com duas frentes de recusa muito distintas. Os primeiros são os físicos, como Heráclito, que acreditam constatar, vendo o mundo mudar, que o mesmo é e não é. Não é muito difícil convencê-los, através da enorme maquinaria das categorias e da distinção dos sentidos do ser, de que eles não sabem o que dizem quando imaginam recusar o princípio. O verdadeiro impasse se dá pelo sentido da palavra: "O mesmo vinho poderia parecer, seja porque ele mudou, seja porque o corpo mudou, ora doce, ora não doce; mas certamente não é o doce, tal qual é quando o é, que mudou"[30]. O vinho pode ter azedado, eu posso ter azia, mas a doçura continua sendo a doçura. O sentido de uma palavra, "doce", por exemplo, está sempre ancorado, através da definição, na essência designada por essa palavra. Talvez seja isso o que chamamos de conceito.

Todos esses, enfim, eis que se tornaram aristotélicos.

Os outros, liderados pelo sofista Protágoras, permanecem intratáveis. Pois eles falam, não para dizer alguma coisa, mas "pelo prazer de falar" (*legei logou kharin*)[31]. Eles recusam o sentido e sua regulamentação unívoca e se agarram ao *flatus uocis* "é" quando dizem *é*. Quando mantemos a identidade do significante como manifestação da identidade do significado, a homonímia ou o equívoco se torna a norma da linguagem, e atingimos o princípio da não contradição em seu cerne. A cura para esses recalcitrantes seria "uma refutação do discurso que está nos sons da voz e nas palavras" (*tou en tēi phōnēi logou kai tou en tois onomasin*)[32], mas ela é justamente impossível: "Aqueles que buscam apenas a coerção no discurso buscam o impossível"[33]. Se recusarem a decisão do sentido, ou seja, a univocidade, tudo o que resta é excluí-los.

Colocaremos, portanto, em sequência a percepção dos equívocos e das homonímias como constitutivos e não reduzíveis, a estação nas línguas e entre elas, o ataque ao princípio da não contradição e a multiplicidade de traduções.

---

30. *Ibid.*, 1010 b 21-24.
31. *Ibid.*, 1009 a 21.
32. *Ibid.*, 1009 a 21-22.
33. *Ibid.*, 1011 a 15-16.

A tradução, ponta do *iceberg*, ou como mais filologia salva

Especialmente porque, neste ponto, o trabalho de tradução articula-se com o de transmissão, e a hermenêutica com a crítica textual. Tudo o que faço é chamar a atenção para isso e mencionar o "tráfico-tráfego da letra". Até aqui supusemos que possuímos *o* texto que deveríamos traduzir; mas o que possuímos sempre é *um* texto, um resultado, suscetível de ser recolocado em questão, porque ele é não apenas proporcionado pelos acasos e escolhas de transmissão, pelas descobertas da arqueologia, da papirologia, da codicologia, mas também produzido pelas leituras, compreensões e incompreensões dos filólogos, prontos a adaptar o texto que editam ao sentido que preveem. As possibilidades de homonímia e anfibologia são multiplicadas pela gama de lições de manuscritos e leituras dos editores. Obviamente um texto sofístico, por definição heterodoxo, quando por um milagre chega a nós, é mais corrigido que qualquer outro, aculturado à univocidade por gerações de doxógrafos, e depois por estudiosos treinados em Platão e Aristóteles, e está cheio daqueles pequenos patíbulos erguidos que são as *cruces*, adequadas para sinalizar "locais de desespero". A tradução – *interpretatio*, como dizem os latinos – não é nada além da ponta de um *iceberg*. A montante da tradução, multiplica-se a série de interpretações materializadas e encerradas na letra do texto a ser traduzido. O tradutor interpreta, faz uma escolha. O retradutor torna visível a escolha do que o precede como uma escolha. Os tradutores são coprodutores de sentido, coautores cheios de "autoridade", justamente, eles "aumentam" o sentido ilustrando a língua. É preciso apreciar essas intermináveis discussões doce-amargas, às vezes odiosas, entre tradutores, retradutores e re-retradutores, como as de Bollack, as de Meschonnic, como testemunhos de inteligência interpretativa. A operação suplementar que é a tradução tem a virtude de pôr às claras, de desnudar as decisões encerradas na letra e que passam despercebidas porque parecem evidentes. A tradução é realmente o ponto final da "fixão", ficção-fixação do sentido.

É com os textos sagrados, bíblicos, por exemplo, que somos coagidos a fazer a inevitável observação, em especial porque as boas e/ou más intenções estão, então, legíveis de maneira transparente. Moisés *karan* tem chifres, como em Michelangelo, ou é radiante, como em Chagall? Eva foi criada ao lado de Adão – "homem e mulher, ele os criou", como em *A mão de Deus* de Rodin – ou foi somente retirada, em segundo lugar, da costela do homem, como mostram as iluminuras das grandes bíblias? E com que se parece a árvore do bem e do mal? Será uma "macieira" por simples descuido tradutório – porque, em latim, *malum* com um *a* breve significa "mal", e com um *a* longo (cf. *mēlon* em grego), "macieira"? Como *pomus* em latim designa uma árvore frutífera, e se diz *pomum* para todas as frutas com sementes ou caroços, veremos pendurada na árvore do conhecimento não apenas uma maçã, mas, de acordo com a cultura (no sentido literal ou no figurado), uma noz, uma azeitona ou um figo mais sexualizado, como em Blake; ou, bruxaria num bosque, um cogumelo alucinógeno, como na pequena e magnífica abadia de Plaincourault – retomo aqui exemplos visuais de homonímia, escolhidos para a exposição "Après Babel, traduire".

Por fim, em qual ou quais traduções devemos parar? Como de costume, o que salva é um pouco mais de filologia. Porque ela põe o dedo no que o editor-intérprete corrige e nos permite ler as intenções. A resposta que sugiro é desavergonhada: é preciso parar nas traduções filologicamente não impossíveis, que interessam mais e oferecem mais sentido que as outras, um sentido que é essencial tornar perceptível. Essa escolha, logo que se apresenta como uma escolha, é muito mais selvagem que uma descrição ajustada em termos de círculo hermenêutico, horizonte de expectativa e interpretação. Ela destaca o tipo de consistência das operações interpretativas normais: construção cultural, fixão de texto, tráfico-tráfego da letra, tradução como ponto final da interpretação. Como você quer a sua Eva de hoje? Carne de segunda e ossos de sustentação ou mulher tão primeira como o primeiro homem? A tradução só se descreve corretamente no plural, e as traduções são medidas pelo interesse que apresentam. Gilles Deleuze abre o relativismo pondo a verdade em seu lugar: "As noções de importância, de necessidade, de interesse são mil vezes mais determinantes que a noção de verdade. De modo algum porque elas a substituem, mas porque medem a verdade do que digo."[34] Verdade, medida, relativismo: daqui partiremos no próximo capítulo.

A integral dos equívocos: um comparatismo de sintomas

Se insisto tanto na homonímia, na polissemia e no equívoco, é porque falo do que me pareceu, mas só depois de um tempo, a verdadeira novidade do *Dicionário dos intraduzíveis*, muito mais precisa e saudável que qualquer paralelo entre as línguas que comparasse algo como o seu gênio. A *French Theory* nos fornece ferramentas

---

34. Gilles Deleuze. *Conversações, 1972-1990*. Trad. Peter Pál Pelbart. São Paulo: Ed. 34, 1992, p. 162.

personalizadas, que utilizo de uma forma alegremente trivial em relação à sua primeira concepção.

Assim, o *Dicionário dos intraduzíveis* pode ser descrito, com Foucault, como um *dispositivo*: "O dispositivo é isto: estratégias de relações de força sustentando tipos de saber e sendo sustentadas por eles"[35]; na minha linguagem: um efeito de *mētis*, a "astúcia" dos sofistas, e o que eles chamam de *mekhanē*, a engenhoca-maquinaria que inventa e organiza, como no teatro, os elementos a serem usados para um fim. Ele se apresenta com certeza, com Deleuze, como um efeito de *desterritorialização*: é preciso ver uma língua, e sua própria língua, de outro lugar para entender que é uma língua, para recolocá-la em jogo de uma forma que não seja como *logos*, universal, natural, maternal, e assim reterritorializar a linguagem em uma língua entre outras. Nem *globish* nem nacionalismo ontológico: o que resta é a desterritorialização[36]. No seu lugar

---

35. É assim que Foucault conclui uma entrevista datada de 1977 (*Microfísica do poder*. Trad. Roberto Machado. 13. ed. Rio de Janeiro: Graal, 1979, p. 246, adaptada). Mas, como aponta Giorgio Agamben em *O amigo e o que é um dispositivo?* Trad. Vinícius Nicastro Honesko. Chapecó: Argos, 2009, Foucault nunca definiu propriamente o termo que ele usa. Ver minha entrevista com Ali Benmakhlouf, "L'effet-monde d'une parole", em *Le Réveil démocratique*, org. Ali Benmakhlouf. DK Éditions: 2015, especialmente pp. 247-52.

36. "Já nos animais, sabemos da importância dessas atividades que consistem em formar territórios, em abandoná-los ou em sair deles, e mesmo em refazer território sobre algo de uma outra natureza [...]. Com mais forte razão, o hominídeo: desde seu registro de nascimento, ele desterritorializa sua pata anterior, ele a arranca da terra para fazer dela uma mão e a reterritorializa sobre galhos e utensílios. [...] Não se pode mesmo dizer o que é primeiro, e todo território supõe talvez uma desterritorialização prévia; ou, então, tudo ocorre ao mesmo tempo." Gilles Deleuze, Félix Guattari. *O que é a filosofia?* Trad. Bento Prado Jr. e Alberto Afonso Munoz. São Paulo: Ed. 34, 1992, pp. 90-1.

não é mais "no seu lugar" da mesma forma. "Si mesmo como um outro", diria Ricœur.

Só hoje, finalmente, então, entendo a influência da homonímia no próprio interior do dicionário que produzimos. Só hoje entendo por que a frase de Lacan em "O aturdito" sobre "a integral dos equívocos" me apareceu como uma bússola – um "Norte em movimento", como Dubuffet diz em "Cabinet logologique":

> Esse dizer [da análise] provém apenas do fato de que o inconsciente, por ser "estruturado como uma linguagem", isto é, como a lalíngua que ele habita, está sujeito à equivocidade pela qual cada uma delas se distingue. Uma língua entre outras não é nada além da integral dos equívocos que sua história deixou persistirem nela.[37]

Essa frase se aplica em "O aturdito" à "lalíngua" de cada um, portanto apenas às línguas do inconsciente; é evidente que as "lalínguas" do inconsciente são ditas no plural e uma a uma, cada uma como "entre outras". Que uma língua esteja "entre outras" tem como condição que haja "mais de uma língua". Quando falamos hoje de uma língua "entre outras", não nos remetemos mais apenas à Alemanha do século XIX e à forma pela qual cada língua cria uma concepção do mundo, mas, como sabemos, a Jacques Lacan com Jacques Derrida.

Entre outras? De fato, é necessário que a língua materna, ou a lalíngua de cada um, reverbere contra a parede de outra língua para que ela deixe de ser óbvia como natural, porque se encontra então refletida, ouvida e, mais precisamente, "analisada" por um terceiro. É por isso que

---

37. "O aturdito", *op. cit.*, p. 492.

nossos verbetes no *Dicionário* são não somente palavras, e não conceitos, mas mais frequentemente homônimos.

Sem dúvida, convém deixar isso perceptível primeiro por meio de alguns exemplos. Tomemos o francês *sens* ["sentido"]. É, na maioria das vezes, o objeto de vários verbetes de um dicionário da língua, como o Larousse, por exemplo: *sens-sensation* ["sentido-sensação"], *sens-signification* ["sentido-significação"] e, às vezes, *sens-direction* ["sentido-direção"]. Pensando como helenista, não há uma área de sobreposição entre a família estética (*aisthaneisthai*, sentir, perceber, dar-se conta) e a família semântica (*sēmainein*, fazer sinal, significar, querer dizer), e podemos acreditar numa homonímia acidental da língua francesa, a que eu chamo de "homofonia" para ser mais precisa. Contudo, assim que passamos pela tradução do grego para o latim dos Pais da Igreja, tudo se esclarece de outra forma. A unidade dos sentidos de *sens* se opera sob a égide do *sensus*, que verte, em especial nas traduções da Bíblia, o vocábulo grego *nous*. *Nous* tem significados relacionados a "faro" (o velho cão de Ulisses, Argos, tendo "farejado" seu dono, morre de alegria sobre seu monte de esterco), depois "intuição", "espírito", "intelecto" (o do deus de Aristóteles no livro *Lambda* da *Metafísica*). *Sensus*, que o traduz, unifica sob a égide da percepção intelectual a articulação entre o homem e o mundo, que é sensação, e a direção na qual se engajar para interpretar a "significação" e até mesmo o "sentido" da letra. Foi a passagem do grego para o latim que me fez compreender como a homonímia não acidental tem a força de um fluxo semântico[38].

A escolha dos sintomas que são os intraduzíveis, assim, deriva da atenção às homonímias, percebidas em

---

38. Ver *Dictionnaire des intraduisibles*, artigo "Sens".

uma língua apenas do ponto de vista ou em função de outra língua. Por exemplo, em russo: *pravda*, que por costume, com ajuda do nome de um jornal, vertemos como *vérité* ["verdade"], significa, antes de tudo, *justice* ["justiça"] (é a tradução consagrada do grego *dikaiosunē*), e é, portanto, um homônimo quando visto do francês. Por outro lado, nossa *vérité* é um homônimo do ponto de vista eslavo, pois o termo sobrepõe *pravda*, relativo à justiça, a *istina*, relativo ao ser e à exatidão – foi necessária uma grande obstinação de Constantin Sigov para que eu entendesse por que ele se recusava a incluir *Pravda* sob o verbete geral de *Vérité*... O mesmo se aplica à ambiguidade "para nós" da raiz *svet*, "luz"/"mundo", assim como à problemática homonímia de *mir*, "paz", "mundo" e "comuna camponesa", com a qual Tolstói não para de jogar em *Guerra e paz*. Podemos desenrolar, sem dúvida, quase todo dicionário puxando esse fio. Pois obviamente não se trata apenas de termos isolados, mas de redes: o que o alemão significa por *Geist* será às vezes *mind* e às vezes *spirit*, e a *Phänomenologie des Geistes* será às vezes *of the Spirit*, às vezes *of the Mind*, fazendo de Hegel um religioso espiritualista ou o ancestral da filosofia do espírito. Isso vale da mesma forma para a sintaxe e a gramática, o esqueleto das línguas, com as anfibologias geradas pela ordem das palavras, as diglossias (uma língua alta e uma língua baixa em russo, que não sabemos verter), as nuances de tempo e de aspecto que algumas línguas, e não outras, destroem, e até mesmo a dupla *ser*/*estar* em português e espanhol, que torna um tanto mais equívoco o *être* francês. Sim, podemos desenrolar aqui, acredito eu, um comparatismo sintomático verdadeiramente novo.

A tradução automática: homonímia, o retorno

A partir dessa percepção da homonímia como chave do traduzir, gostaria de postular, seja como for, uma grande lacuna quanto à chamada tradução assistida por computador (CAT) e a tradução automática (TA), por mais diversas que sejam suas práticas, que variam do melhor ao pior.

"No ambiente das pesquisas cognitivas, damos geralmente o título de conceito a palavras anglo-americanas escritas em maiúsculas"[39] e, *up to date*, às siglas. Quando, passando pelas mediações autorizadas do CNRS, preocupei-me em saber como obter subsídio europeu para um *Vocabulaire européen des philosophies* voltado para a tradução e suas dificuldades, recebi esta sentença-guilhotina: "a Europa só subsidia o que diz respeito à tradução assistida por computador", a CAT. Isso foi no final do século XX, e, sem dúvida, não se ousaria mais dar uma resposta tão direta hoje. A ideia de que a tradução não se reduz ao interpretariado e de que a língua não se reduz a uma ferramenta de comunicação ganhou, bem ou mal, espaço institucional. De todo modo, tive, então, que me abrigar no programa *European Cultural Heritage Online* (ECHO, justamente com um *h* acronímico) e, não importando os problemas conjunturais de convergência entre o ponto de vista da edição tradicional e o código do *free on-line*, aprendi muito com os profissionais da Web e da informática ligados às línguas e à cultura; em especial, num simpósio sobre interoperabilidade[40], que se concentrou

---

39. François Rastier. "Ontologie(s)", em *Revue des Sciences et Technologies d'Information série RIA*, v. 18, n. 1, 2004, pp. 15-40 (este techo na p. 16).

40. Organizado em Lundt, em 2000, por Sven Strömquist e Peter Wittenburg, a quem gostaria de agradecer aqui.

notadamente nas "ontologias" e nas ferramentas da *Ontology Web Language*, OWL. Os profissionais asseguram em geral que "ontologia" é uma pura homonímia em relação ao que os filósofos chamam "ontologia". Mais uma homonímia não acidental, então! Pois nos dois casos trata-se obviamente de "sentido" e de "categoria". Gostaria de explicar de um modo mais geral o que essa experiência me ensinou sobre a relação entre homonímia e tradução.

"É difícil definir o que é uma ontologia de modo definitivo", advertiu-nos a Wikipédia, *s. v.* "Web sémantique: ontologie"[41]. "Ao contrário de um vocabulário, uma ontologia procura representar o sentido dos conceitos e as relações que os ligam". Mas, quando um vocabulário é "extremamente rico", ele é chamado de "ontologia". O Wordnet, desenvolvido por Princeton, é *much better*, melhor ainda, que o OWL. Foi nele que se baseou até recentemente a quase totalidade dos procedimentos de tradução automática disponíveis.

Os requisitos tradicionais da filosofia da linguagem, desde Aristóteles, e os requisitos técnicos da tradução computadorizada convergem ao menos num ponto, o que determina outros, se não todos os outros: a caça à homonímia, ou seja, a exigência de univocidade semântica e sintática. Proponho-me a expor essa preocupação com a univocidade comparando as duas experiências, Wordnet e VEP – sigla para o *Vocabulaire européen des philosophies, Dictionnaire des intraduisibles* que o faz soar como um plano quinquenal.

Comecemos com a *semantic Web*. Se tomarmos o Wordnet como exemplo, poderemos ver que se trata de: a) reduzir tudo a um denominador comum que funcione

---

41. Em 13 de janeiro de 2008. O artigo não parou de aumentar, mas o teor permanece o mesmo.

ao mesmo tempo como uma metalíngua, a saber, o inglês; b) desambiguar o inglês para fazê-lo passar do *status* de língua natural para o de uma língua-pivô conceitual (passagem da palavra ao termo, depois do termo ao conceito, por operações sucessivas de nominalização, lematização, descontextualização, constituição como tipo...). É claro que construir uma passagem de cada uma das línguas naturais ao inglês é mais econômico que construir uma passagem de cada uma das línguas a cada uma das outras, mesmo que possamos atrelar isso, de forma circunstancial, a certas áreas de especialização no espaço e no tempo. O inglês, uma língua natural singular entre outras, é assim transformado de modo a funcionar a princípio como *globish*, depois como algo que poderia ser chamado *technish*, artefato empírico de subcaracterística universal. Traduzir consiste em reduzir todas as línguas naturais a uma única linguagem conceitual neutra, sem qualidades, permitindo, como um trocador, uma nova passagem para qualquer outra língua natural. Nessa perspectiva, a diferença entre as línguas naturais é acidental e redutível. Essa perspectiva é, como sabemos, a de grande parte da tradição filosófica. Uma das primeiras conceitualizações, por sinal metafórica, foi dada por Platão no *Crátilo*. As línguas são materiais dessa ferramenta que é a linguagem, concebida como arremedo da coisa: "Se todos os legisladores [que dão os nomes] não operam nas mesmas sílabas, não devemos esquecer isto: que, na verdade, nem todos os ferreiros operam no mesmo ferro, fabricando a mesma ferramenta para o mesmo fim; no entanto, enquanto eles dão a mesma forma, mesmo que seja num outro ferro, a ferramenta permanece correta, seja ela feita aqui, seja entre os bárbaros."[42] A linguagem já é

---

42. Platão, *Crátilo*, 389 e; 1-390 a 2.

um *organon*, pois o paradigma é o da ferramenta, e a diferença das línguas corresponde à dos materiais usados para fabricá-la, de início negligenciável. Várias palavras: vários materiais, roupas diferentes que podemos trocar sem que nada mude; pois há um único conceito: uma forma única ou "ideia", que serve para pensar-e-dizer corretamente o que é.

Na CAT, o mundo das ideias tem como avatar a unidade de uma língua-pivô. A língua-pivô que serve como linguagem conceitual ou formal deve ser a mais perfeita possível. Ela constitui uma matriz de equivalências que "sinonimiza" as línguas naturais. Sua imperfeição afetaria todas as traduções. A tarefa principal consiste, então, em desambiguar a língua-pivô, nesse caso, o inglês. Nisso o Wordnet assume a tocha de Aristóteles, para quem a homonímia, semântica e sintática, é, como vimos, o mal radical da linguagem. Deve-se notar, por sinal, também que é somente após o livro *Gama*, da *Metafísica*, que estabelece o princípio da não contradição, que *Delta*, o livro seguinte, propõe o primeiro dicionário: ele tem a vocação, obedecendo ao princípio da não contradição, de desambiguar termos-chave, diferenciando claramente cada um de seus sentidos, a fim de proibir os jogos de palavras. As *Categorias* determinam as ferramentas corretas de diferenciação, que consistem essencialmente em perguntas a serem feitas diante de cada item (de que natureza, quanto, qual, em relação a quê etc.). Enfim, as *Refutações sofísticas* detectam e classificam os diferentes tipos de homonímias, tanto semânticas quanto sintáticas, a fim de que não se caia na armadilha das falsas refutações.

Qualquer que seja o tipo de linguagem escolhido, língua natural a ser melhorada ou língua artificial, eventualmente matemática, a ser fabricada, a questão é sempre proibir a homonímia, dissipando-a e/ou evitando-a, ou seja, trazer a palavra de volta ao conceito, o conceito à entidade ou ideia e o conjunto palavra-conceito-entidade a uma relação unívoca. Uma palavra não significará várias coisas, mesmo que ela possa obviamente designar, se referir a vários itens legitimamente subsumíveis sob a palavra; da mesma forma, uma frase terá apenas um sentido e corresponderá a um único estado de coisas. A distinção de Frege entre *Sinn* e *Bedeutung* se insere na continuação lógica do movimento. Em suma, a proibição da homonímia, assim apoiada no princípio dos princípios, permanece mesmo na CAT, exatamente como no momento do estabelecimento do princípio da não contradição, o equivalente na esfera da linguagem à proibição do incesto, e passa por um universal de estrutura.

Wordnet e as categorias de Aristóteles

Para que se compreenda até que ponto a CAT era, pelo menos até há muito pouco tempo, tanto filosoficamente tradicionalista quanto filosoficamente fraca em relação à tradição, permitam-me comparar mais precisamente a operação que Aristóteles realiza sobre o verbo *einai* ("ser") por meio da distinção dos sentidos do ser ("o ser se diz em vários sentidos") e das categorias e a série de definições que o Wordnet propõe para *to be*. O problema é passar da palavra para o conceito e depois descontextualizar em absoluto o conceito. Não é certo que a comparação, em especial no que concerne às hierarquias dos sentidos, seja favorável ao Wordnet. Vejamos logo.

Minhas primeiras observações serão tão simplistas quanto injustas. Elas consistem em dar a definição dos serviços do Wordnet em francês, no francês usado pelo Systran e pelo Wordnet e entregue pelo "Google: traduzir esta página". "WordNet é um serviço linguístico completo para empresas que oferecem tradução, *desktop publishing/typesetting*, interpretação e edição. [...] A entrega de seu produto finalizado pode ser providenciada para sua localização doméstica ou de ultramar." A tradução automática também é felizmente *energeia*, e essa página, ou uma página desse tipo, terá logo desaparecido.

Vamos ao que interessa: "The verb 'be' has 13 senses in Wordnet", que aqui estão:

- 1. S : (v) **be** (have the quality of being; (copula, used with an adjective or a predicate noun)) *"John is rich"; "This is not a good answer"*
- 2. S : (v) **be** (be identical to; be someone or something) *"The president of the company is John Smith"; "This is my house"*
- 3. S : (v) **be** (occupy a certain position or area; be somewhere) *"Where is my umbrella?"; "The toolshed is in the back"; "What is behind this behavior?"*
- 4. S : (v) **be** (have an existence, be extant) *"Is there a God?"*
- 5. S : (v) **be** (happen, occur, take place) *"I lost my wallet; this was during the visit to my parents' house"; "There were two hundred people at his funeral"; "There was a lot of noise in the kitchen"*
- 6. S : (v) **be** (be identical or equivalent to) *"One dollar equals 1,000 rubles these days!"*
- 7. S : (v) **be** (form or compose) *"This money is my only income"; "The stone wall was the backdrop for the performance"; "These constitute my entire belonging"; "The children made up the chorus"; "This sum represents my entire income for a year"; "These few men comprise his entire army"*

- 8. S : (v) **be** (work in a specific place, with a specific subject, or in a specific function) "*He is a herpetologist*"; "*She is our resident philosopher*"
- 9. S : (v) **be** (represent, as of a character on stage) "*Derek Jacobi was Hamlet*"
- 10. S : (v) **be** (spend or use time) "*I may be an hour*"
- 11. S : (v) **be** (have life, be alive) "*Our great leader is no more*"; "*My grandfather lived until the end of war*"
- 12. S : (v) **be** (to remain unmolested, undisturbed, or uninterrupted – used only in infinitive form) "*Let her be*"
- 13. S : (v) **be** (be priced at) "*These shoes cost $100*"

Podemos, é claro, continuar a pedir para ver as "Synset relations" (as ligações semânticas) marcadas por S, sob as quais encontraremos "direct troponyms" e "full troponyms", por um lado, e "sentence frames", por outro. Esbarraremos, por exemplo, em "look", nos tropônimos diretos do primeiro sentido, e em "Something is …ing" (com a menção PP para indicar que a variável é um particípio), nas formas de frases.

Fiquemos, contudo, com os treze sentidos.

1. ligação 2. identidade 3. local 4. existência 5. tempo/local/existência: algo como "contingência", talvez? 6. igualdade/identidade/definição: algo como "equivalência", talvez? 7. constituição/inerência/composição: algo da ordem do próprio, talvez? 8. implicação: algo como a definição do indivíduo, talvez? 9. personificar, encarnar; parece ser dito apenas da relação entre o ator e seu personagem 10. durar 11. viver 12. permanecer, ficar 13. custar.

Com certeza, verti-os mal, umas vezes por substantivos, outras por verbos, mas o que posso fazer? Alguns sentidos se sobrepõem (o lugar é um componente que surge várias vezes), alguns são muito amplos e outros muito específicos (o ator do 9) ou muito idiomáticos (10: "I may be one hour"), e outros ainda parecem estar faltando, por exemplo, o "é" assertivo ou veritativo, que, todavia, costumamos remeter ao "isn't it?". É difícil não pensar que Kant teria reclamado da rapsódia[43].

Na verdade, a lista aristotélica não pode não nos servir como um horizonte de comparação. Vários textos aristotélicos começam pelo célebre *to on legetai*…, "o ente se diz…", ou, como costumamos traduzir, negligenciando a forma muito singular do particípio substantivado (o mesmo a que chegamos ao final do caminho do "é" em Parmênides)[44]: "o ser se diz". Aristóteles inventa uma descrição para essa entidade-palavra fora da norma, singular e decisiva, uma descrição que também não se parece com nenhuma outra: o ente tem vários sentidos e, no entanto, não é um homônimo, mas um *pros hen*, um "em relação com o uno". "O ser se diz, por um lado, de maneira múltipla, mas em relação a uma unidade e a certa natureza única, ou seja, de forma não homônima": essa é a afirmação colocada logo de início no livro *Gama* da *Metafísica*, em que se estabelece o princípio da não con-

---

43. Kant, retomando o nome aristotélico de "categorias", faz uma lista dos conceitos puros do entendimento por meio dos quais se torna possível "compreender algo do diverso da intuição". Sua divisão é "sistemática" e não "rapsódica", ao contrário do genial Aristóteles: "O tirocínio de Aristóteles, de investigar esses conceitos fundamentais, foi digno de um homem perspicaz. Como ele não tinha nenhum princípio, no entanto, ele os reuniu tal como iam lhe aparecendo, e descobriu inicialmente dez deles, aos quais denominou *categorias* (predicamentos)". *Critique de la raison pure*. "Logique transcendantale", "Analytique transcendantale", "Analytique des concepts", em *Œuvres philosophiques*, I, org. F. Alquié. Trad. A. Delamarre e F. Marty. Paris: Gallimard, 1980, p. 835 (Col. "Bibliothèque de la Pléiade"). [Trad. bras. *Crítica da razão pura*. Trad. Fernando Costa Mattos. Bragança Paulista: Ed. Universitária São Francisco, 2015, pp. 114-5]. Só comparo aqui as rapsódias do Wordnet e de Aristóteles.

44. Ver acima, p. 68 s.

tradição[45]. A descrição mais completa de todos os sentidos do ser se encontra no livro seguinte, no livro *Delta* da *Metafísica*, ou seja, exatamente no primeiro dicionário de filosofia. Aí se encontra a fórmula: *to on legetai*, o ser se diz...[46] O ser se diz – diz Aristóteles – de acordo com o acidente (é o "é" de "isto *é* aquilo", por exemplo "o músico *é* arquiteto") ou de acordo com a essência (é o "é" das categorias propriamente ditas, às quais voltarei logo, pois é este o "é" múltiplo-e-não-homônimo por excelência, que compete vitoriosamente com o Wordnet), ele se diz de acordo com a verdade ("Sócrates *é* músico" significa que o que se diz é verdadeiro), e, finalmente, ele se diz de acordo com a potência e o ato (nesse sentido, trata-se da parte mais íntima da ontologia aristotélica, na medida em que ela forma um sistema, relacionando em especial a física e a metafísica na definição do movimento)[47]. Não me arriscarei aqui a listar os problemas propriamente "ontológicos" que estão em jogo. Contudo

---

45. O capítulo 1 do livro *Gama* abre assim: *Estin epistēmē tis hē thōrei to on hēi on*, "Há uma ciência que teoriza sobre o ser enquanto ente" (1003 a 21). O capítulo 2 abre assim: *To de on legetai pollakhōs, alla pros hen kai mian tina physin kai ouk homōnumōs*, "O ente se diz de forma múltipla, mas em relação a um e a certa natureza una e não homonimamente" (proponho voluntariamente traduções variáveis). A força silenciosa desses *incipit* não pode escapar a ninguém.

46. *Delta* 7, 1017 a 7. Relacionar não apenas com *Gama* 2, mas com os capítulos 1 e 4 das *Categorias*, os *Tópicos*, I, 9, 103 b20-23, e os *Segundos analíticos*, I, 22, 82 b 37-83 b 15. Ver em especial o notável dossiê elaborado por F. Ildefonse e J. Lallot no final de sua apresentação, tradução e comentário das *Categorias* (Paris: Seuil, 2002, Col. "Points bilingues"). Aqui está a lista de significados dada no início das *Categorias*: "seja essência, seja quantificado, seja qualificado, seja relativo, seja algum lugar, seja algum momento, seja estar numa posição, seja ter, seja agir, seja sofrer" (1 b 25 f., p. 61 f.).

47. Assim: "O ato do que é em potência enquanto é, tal é o movimento", Aristóteles, *Física*, IV, 1, 201 a 11, por exemplo.

podemos nos ater à simples lista das "categorias", ou seja, as formas de dizer o ser (*to on*) em nossas frases predicativas. Se o ser não é homônimo, com sentidos dispersos, é porque essas categorias ("categorias", literalmente "acusações") se dizem todas em relação à mesma coisa (*pros hen*: "em relação ao uno"), o que faz com que o ser seja um ser a que chamamos "essência" (*ousia*), a partir de um nome criado para dizer isso. Todas as predicações respondem assim a "questões" categoriais, que servem para listar, classificar e administrar os modos de falar do ser para que haja o mínimo de confusão possível. Essência, que diz, portanto, o essencial, depois acidentes da essência: quantidade, qualidade, relação, lugar, tempo, posição, ter, agir, sofrer. Um velho hábito de narrativa fenomenológica, que se tornou redação na escolarização infantil, que se cumpre pela descrição de um cavalo de três côvados muito bonito todo branco pertencente a Martin na praça do mercado neste momento correndo com arreio relinchando picado por uma mutuca.

Não é muito difícil concordar que, por um lado, a lista completa de sentidos é governada por uma sistematicidade (uma "ontologia"?) fundamental diferente da do Wordnet; e que, por outro lado, sob o sentido predicativo, a lista de questões categoriais, mesmo trabalhada numa língua – e como não poderia ser?[48] –, constitui uma malha, em relação à maneira de dizer o que é ser, menos rapsódica e mais poderosa que a do Wordnet.

De toda forma, de Aristóteles ao Wordnet: desambiguemos para falar é a palavra de ordem em comum.

---

48. Ver acima, p. 69 s.

De uma nuvem de homônimos a uma nuvem de homônimos: uma clínica do caso

O ponto de partida do *Dicionário dos intraduzíveis* é o oposto: explorar a pluralidade em vez de visar a unidade. A pluralidade entre as línguas: repensar a assim chamada sinonímia. E a pluralidade interna a uma língua: repensar a assim chamada homonímia. A comparação requer não um *tertium quid* comum (uma linguagem conceitual *globish-technish*), mas um espaço ou uma geometria comum, uma tópica, uma topologia, permitindo mostrar como são as redes terminológicas e como não são, sobreponíveis de uma língua para outra, e mesmo de uma obra para outra dentro de uma mesma língua (época, gênero, autor, estilo); como, de forma análoga, as sintaxes são sobreponíveis e como não são.

Podemos buscar modelizar esse espaço comum e representar as diferenças em seu interior? A reavaliação da homonímia é precisamente a chave. "Uma língua entre outras não é nada além da integral dos equívocos que sua história deixou persistirem nela"[49]: o recenseamento dos equívocos deve constituir, assim como para a *semantic Web*, um ponto de passagem obrigatório. Contudo a maneira de tratar esses equívocos difere consideravelmente. Recapitulemos: certo número deles (um número muito grande deles?), diferentes a cada vez de acordo com a língua considerada, é constitutivo de uma língua; eles não são acidentais e evoluem diacronicamente; são, enfim, mais visíveis de fora dessa língua – por desterritorialização, portanto. Os pressupostos epistemológicos mudaram: não estamos lidando com conceitos, mas com palavras, ou seja, com palavras em línguas, e sem dúvida

---

49. Lacan. "O aturdito", *op. cit.*, p. 492.

com palavras fortemente contextualizadas, tomadas de obras e textos, em que encontramos em cada enunciado a relação com a performance.

Pois bem, é justamente nessa direção que têm evoluído, até recentemente, as modelizações de tradução assistida, com base na capacidade dos computadores de tratar um número virtualmente infinito de contextos. E o progresso é considerável!

Quando estava escrevendo *Google-moi*, tive uma experiência que não posso repetir hoje e que descrevo nessa obra. Na verdade, estou muito feliz por *não* poder repeti-la: se eu digitar a frase da Bíblia *Et Dieu créa l'homme à son image* ["E Deus criou o homem à sua imagem"] no Google Tradutor, em francês, em inglês, em alemão, a tradução que recebo, em francês, em inglês, em alemão, é boa, coerente, consistente. Não há mais motivo para rir da incrível verdade que ela produzia, então, após duas transformações do francês para o alemão e do alemão para o francês: *Et l'homme créa Dieu à son image* ["E o homem criou Deus à sua imagem"][50]. Junto com a tradução da semântica, as traduções da sintaxe e da ordem das palavras têm feito imensos progressos. A razão disso é que a técnica, ou seja, a própria ideia por trás da tradução assistida, mudou por completo. Não passamos mais, como no primeiro Systran, de uma língua para outra através de

---

50. Barbara Cassin. *Google-moi. La deuxième mission de l'Amérique*. Paris: Albin Michel, 2007, pp. 234-9. Eis a série de transformações obtidas, estabilizadas a partir da segunda retradução: 1. "Et Dieu créa l'homme a son image" / 2. "Und Gott schuf den Menschen an seinem Bild" / 3. "Et a créé un dieu l'homme à son image" / 4. "Und einen Gott hat der Mensch an seinem Bild geschaffen" / 5. "Et l'homme a son image a créé un dieu" / 6. "Und der Mensch an seinem Bild hat einen Gott geschaffen" / 7. "Et l'homme à son image a créé un dieu".

uma língua-pivô, o inglês, tão mal desambiguizado, mas passamos diretamente de uma nuvem de palavras em contexto numa língua para uma nuvem de palavras em contexto noutra língua.

Essas nuvens são exatamente o que nos ocupa no *Dicionário dos intraduzíveis*; são as que quis na capa da edição francesa, em homenagem a Humboldt, que desenha aos meus olhos o lugar e o próprio projeto de nosso *Dicionário*: uma "obra das mais sedutoras", que estudaria, diria ele, a "sinonímia das línguas"[51].

Com essa evolução recente do próprio dispositivo de tradução assistida por computador, a quantidade de contextos ainda é uma necessidade para a qualidade das relações, mas, desta vez, a qualidade é, de verdade e sem ironia, uma propriedade emergente da quantidade. Visto que, para o tradutor automático assim concebido, bem como para o clínico, trata-se apenas de um caso.

À CAT, em termos concretos, acessar todos os e-mails, todos os textos, todos os tuítes e todos os discursos: não somente toda a informação do mundo, mas tudo o que se escreve, com ou sem conteúdo, de tudo algo se tira. Resta-nos saber como lidar com isso. Tudo bem, tudo será classificado por si só e responderá à chamada na hora certa, pela evolução dos algoritmos. Temos fé na imanência: é a inteligência da Web que lida com o processamento e a auto-organização...

Que seja, mas insisto. É que, desta vez, a performance, bem como a prática e o ofício, está ligada ao número de casos *processados caso a caso*. Portanto não se trata mais de simplesmente estocar o maior número possível de casos, em conformidade com a prática dos laboratórios farmacêuticos, que desejam os casos dos quais se postula a

---

51. Ver abaixo, cap. 3, p. 140 s.

equivalência, a coletar no Terceiro Mundo, sem vergonha nem consciência, para os seus testes clínicos. Pois, perseguindo a comparação médica, que aqui é mais que só uma comparação, a noção singular de caso, a modalidade segundo a qual um caso particular se enquadra no universal, não pode ser tratada por meio de um desses DSM protocolares[52] que preenchemos marcando caixinhas, e cujo primeiro efeito, que todos nós devemos conhecer, é a "ritalinização" daquelas crianças que ainda não estão suficientemente abatidas diante da televisão. Tratar o caso pelo caso a caso é "desquantificar" o caso, ou "requalificá-lo" por uma análise do sintoma: uma "análise", uma análise de verdade, temporalizada, que se afasta da prática do DSM, ligada ao tratamento automático dos doentes como a prática da CAT para o processamento automático das traduções. Os intraduzíveis são *sintomas* da diferença das línguas: essa definição é para ser levada muito a sério e ao pé da letra. De uma nuvem de homônimos a outra nuvem de homônimos, a tradução é uma clínica do caso. Por um lado, a quantidade, um Átila soberano, e a embriaguez dos grandes números; por outro, a qualidade e a poesia do sintoma: não podemos agora buscar apoiar esses dois caminhos um no outro, como sempre fizeram os profissionais inteligentes? A panela de barro dos dicionários e a panela de ferro da CAT! Nunca os dois métodos mostraram estar tão distantes, mas esta é a primeira vez que posso imaginá-los como complementares e cooperativos.

Não é esse o momento em que estamos?

---

52. *Manual diagnóstico e estatístico de transtornos mentais,* norte-americano mas agora aplicado em todos os lugares. Refiro-me ao trabalho de *L'Appel des appels,* org. Barbara Cassin e Roland Gori. Paris: Mille et une nuits, 2009, e à nossa obra coletiva, *Derrière les grilles, op. cit.*

CAPÍTULO 3
ELOGIO DO RELATIVISMO CONSEQUENTE

O DISPOSITIVO PROTÁGORAS

> "A autoafirmação de uma identidade sempre pretende responder ao chamado ou à atribuição do universal. Essa lei não tem nenhuma exceção."
>
> Jacques Derrida,
> *L'Autre Cap*

> "É preciso que o operador *todo*, em todos os usos e em todas as formas, nunca marque uma solução, mas, sempre e em qualquer situação, um problema."
>
> Jean-Claude Milner,
> *L'Universel en éclats*

A "equivocidade vacilante do mundo", ou como a tradução é para as línguas o que a política é para os homens

A desconfiança que sinto a respeito do universal se situa, na esteira de Hannah Arendt, de imediato no domínio da "filosofia política". Em uma entrevista concedida a Günter Gaus, Arendt recusa que a chamem de especialista em "filosofia política": desde Platão, "isso não é mais possível!", afirma, e, de Platão a Heidegger, a proximidade do filósofo com a tirania parece desvelar um tipo de "deformação profissional". A política, ou o político, não se define pelo universal ou pelo genérico, mas pela atenção à pluralidade e ao particular. Em seu *Journal de pensée* [Diário de pensamento], ela coloca a questão: "O que é política?", e responde: "1. A política se assenta em um fato: a pluralidade humana. Deus criou o homem, os homens são um produto humano, terrestre [...]. 2. A política trata da comunidade e da reciprocidade de seres diferentes [*der Verschiedenen*]."¹ O risco não é nada menos que o totalitarismo: "Se o homem é o tema da filosofia e os homens, o assunto da política, então, é o totalitarismo que representa uma vitória da 'filosofia' sobre a política – e não o contrário."² Minha própria desconfiança a respeito do universal e do conceito está, de fato, ligada ao receio de uma "vitória da 'filosofia'". *Verschieden, Verschiedenheit*, a palavra que caracteriza as línguas em Humboldt é aquela que caracteriza os homens em Arendt: para dizer em um *logos*, a tradução é para as línguas o que a política é para os homens.

Minha relação com o universal é tão ruim quanto minha relação com o Um. A pluralidade ou a diversidade, incluindo a dos deuses, parece, para a pagã que sou com prazer, tão carregada de liberdade quanto a diversidade das línguas do mundo e a pluralidade dos sentidos de uma palavra. Creio que todos os três participam disso que, no *Journal de pensée*, Arendt, ao exacerbar o equívoco e a pluralidade entre si, felizmente de uma maneira bem sensata, chama de a "condição humana", a saber: a "equivocidade vacilante do mundo".

> Pluralidade das línguas: Se houvesse apenas uma língua, talvez estivéssemos mais seguros quanto à essência das coisas.

---

1. Hannah Arendt. *Journal de pensée*, agosto de 1950 [21]. Trad. S. Courtine-Denamy. Paris: Seuil, 2005, v. I, p. 28 s.

2. "If Man is the topic of philosophy and Men the subject of politics, then totalitarianism signifies a victory of 'philosophy' over politics – and not the other way round", *ibid.*, nov. 1950 [16], p. 58.

O que é determinante é o fato 1) de que há várias línguas e que elas se distinguem não apenas por seu vocabulário, mas igualmente por sua gramática, ou seja, essencialmente por sua maneira de pensar, e 2) de que todas as línguas podem ser aprendidas.

Dado que o objeto, que está aí para sustentar a apresentação das coisas, pode se chamar tanto "Tisch" quanto "mesa", isso indica que algo da verdadeira essência das coisas que nós construímos e nomeamos nos escapa. [...] No seio de uma comunidade humana homogênea, a essência da mesa é indicada sem equívoco pela palavra "mesa" e, no entanto, assim que chega nas fronteiras da comunidade, vacila.

Essa vacilante equivocidade do mundo e a insegurança do homem que o habita não existiriam naturalmente se não fosse possível aprender as línguas estrangeiras [...]. Daí o absurdo da língua universal – contra a "condição humana", a uniformização artificial e onipotente da equivocidade.[3]

"Se houvesse apenas uma língua, estaríamos mais seguros quanto à essência das coisas." É na identidade da palavra que a essência se enraíza. Aqui, neste exato momento, somos reconduzidos à equação aristotélica: o sentido de uma palavra se confunde com a essência da coisa, por isso a univocidade *é necessária*. O elo entre universal e univocidade está fundamentado na verdade, ou/e funda a verdade, a mesma para todos. O que Marc Crépon chama "identidades assassinas", antes de se embasar em algum enunciado de identidade qualquer, nacionalista no pior dos casos, radica-se no princípio de não contradição e na decisão do sentido.

---

3. *Ibid.*, caderno II, nov. 1950 [15], p. 56 (tradução de S. Courtine-Denamy, ligeiramente adaptada). Comento essa passagem longamente em *La Nostalgie, op. cit.*, cap. 3.

De minha parte, proponho escolher a equivocidade, ao menos no instante em que a essência vacila. Para dizer a verdade, só aceito o universal em uma condição: compreender bem por que e como ele é relativo. O bom universal não é bom e ponto final, ele é "melhor para" aqui e agora: proponho chamá-lo "universal dedicado".

Encontrei o exemplo mais forte disso em nossa época, e o mais político, na Comissão de Verdade e Reconciliação que marcou o fim do *apartheid* na África do Sul. Seu presidente, Desmond Tutu, escolheu explicitamente, tanto na teoria quanto na prática, não a Verdade, mas uma dentre as verdades possíveis. À verdade factual do tribunal (*forensic*, feita para o de fora, para o *forum*), à verdade "pessoal e narrativa" dos relatos de cada um durante as sessões, que eram de cortar o coração, à verdade "social" obtida pelo confronto entre vítimas e carrascos, a Comissão preferiu a verdade "que cura e restaura". Ela estimou que sua tarefa não era estabelecer a verdade histórica[4], mas produzir *enough of the truth for*, "verdade o bastante para", para edificar um consenso sobre o qual e com o qual construir o novo povo arco-íris. "*We believe we have provided enough of the truth about our past for there to be a consensus about it*", "acreditamos que nós fornecemos verdade o bastante em relação ao nosso passado para que haja um consenso a esse respeito."[5] "Verdade o bastante para": a característica essencial desse tipo de verdade é de ser não uma verdade-origem, mas uma verdade-resultado, uma performance de verdade, como um dis-

---

4. "Its is not our Commission task to write the history of this country", *Report*, II, § 62 (uso, como em todas as citações que seguem, a enumeração que figura na versão de 1998 do *Report*, entregue a Nelson Mandela). Encontram-se passagens maiores desse Relatório em: *Amnistier l'apartheid. Travaux de la Commission Vérité et Réconciliation*, org. Desmond Tutu, ed. Ph.-J. Salazar, *op. cit*.

5. *Report*, § 70.

curso e uma performance de língua. Essa exigência nada tem, como se nota, de irracional. É preciso aproximá-la do diagnóstico de Deleuze, que mede a verdade pela "importância", pela "necessidade", pelo "interesse" que ela apresenta[6]; e, também, introduzir com Lacan a variedade na verdade: "abrir-se para a dimensão da verdade como *varidade* variável, ou seja, daquilo que, condensando desse jeito as duas palavras, eu chamaria *varidade*, engolindo um pequeno *e*, a *varidade*"[7]. Medir a verdade é, talvez, uma das melhores definições do relativismo.

É bem possível que, aqui e agora, em algum lugar do mundo, no Tibet, por exemplo, o universal dos direitos humanos seja um bom universal, o melhor e o mais indispensável dos universais. E se for esse o caso, então estou disposta a militar por ele. Talvez até militar "como se", como se fosse o Universal *tout court*, e ponto final. Mas não creio nele mais que no Bem, na Verdade ou no Conceito. Recuso-me a pensar que se trata de um Universal original ou doado em partilha a todo homem enquanto homem: é um universal fabricado, formatado, fixado, e que serve. Aliás, tem servido para o melhor e para o pior, cada um com a pretensão de que seu universal seja o Universal. Complicar o universal é uma primeira maneira de não subscrever sua patologia, a saber: a exclusão.

Medir a verdade: o relativismo como comparativo dedicado

Estacionar na homonímia como bárbaro e como sofista, falar *logou kharin*, "pelo prazer de falar", certamente

---

6. Ver acima, p. 78.
7. Jacques Lacan, *Séminaire XXIV*, "L'insu que sait de l'une-bévue s'aile à mourre", aula de 19 de abril de 1977.

quer dizer: *não* mirar o Um, seja na forma de definição, essência ou verdade. Isso, no entanto, não quer dizer falar de qualquer jeito. Existe, então, outro modelo, outro tipo de regulação linguística, suscetível de funcionar? Resposta: sim. É o modelo relativista. Mas não devemos nos enganar a respeito do que isso significa.

A sentença de Protágoras é, desde Platão e em toda a história da filosofia, o emblema da posição relativista. "O homem é a medida de todas as coisas [*pantōn khrēmatōn anthrōpos metron*]" é, provavelmente, uma das pequenas frases com as quais mais se gastou tinta, de Platão até Heidegger via Aristóteles e Sexto Empírico. Dessa frase seria possível sustentar, entre Rimbaud ("eu quis dizer tudo o que isso diz, literalmente e em todos os sentidos") e Lacan, que ela é a integral dos equívocos que sua história deixou que nela subsistisse, história que compreende o tráfico-tráfego da letra e as traduções intralinguísticas, que são interpretações já viciadas[8].

---

8. 80B1DK. A frase completa foi citada por Platão (*Teeteto*, 152 a; *Crátilo* 385 e-386 a), por Sexto Empírico (*Hipotiposes Pirrônicas*, I, 32, 216--219; *Contra os professores*, VIII, 60-64), por Diógenes Laércio (*Vidas e doutrinas dos filósofos ilustres*, IX, 50-56), e comentada por Aristóteles (*Metafísica*, IX, 1053 a 35 s.). Heidegger, com razão, insiste que ela seja lida até o final: "O homem é a medida de todas as coisas, das coisas que são, que elas são, das coisas que não são, que elas não são", mas isso lhe serve apenas para fazer de Protágoras um sub-Parmênides, sujeito ao domínio do desvelamento do ser (M. Heidegger, *Caminhos de floresta*, tradução de "O tempo da imagem no mundo" de Alexandre Franco de Sá, pp. 126-9, e *Nietzsche II*, tradução de Marco Antônio Casanova, pp. 100-4; ver *O efeito sofístico, op. cit.*, pp. 104-7 e 194-9). Dois pontos de apoio são essenciais para compreender as variações na transmissão e na tradução, tanto intra quanto extralinguística: 1) o termo *khrēmata*, "coisas em uso", "riquezas" (sobre *khraomai*, "utilizar"), que é o de Protágoras, por diferença com *pragmata*, "as coisas com as quais lidamos" (de *prattein*, "fazer", "agir"), e com *phainomena*, as coisas que aparecem, os fenômenos (de *phainesthai*, "aparecer", "parecer"), que se apresentam, em Platão ou

No capítulo anterior, no contexto da regulação do discurso, esboçamos o modo como, em Protágoras, via livro *Gama* da *Metafísica* de Aristóteles, encontram-se unidos relativismo e resistência ao princípio de não contradição. Platão, porém, procede de outro modo. Ele lê Protágoras a partir do interior. Quando o Sócrates de Platão lembra a sentença do homem-medida no *Teeteto*, diálogo "sobre o conhecimento", ele propõe como seu equivalente: "a medida de todas as coisas é o porco ou o cinocéfalo" (161c). Depois ele se arrepende: "Não te envergonhes, Sócrates, diria Protágoras", diz Sócrates a si mesmo. Então, desenvolve a "apologia de Protágoras", ao emprestar sua voz a Protágoras como se ele estivesse ali para se defender. Aos meus olhos, é a mais forte interpretação do relativismo que alguém poderia propor.

Eis, então, Protágoras falando pela boca de Sócrates:

> Digo que a verdade é como escrevi: cada um de nós é a medida das coisas que são e das coisas que não são, e, no entanto, cada um difere do outro milhares de vezes pelo próprio fato de que para um é isso que é e aparece, para outro é aquilo. A sabedoria e o sábio, estou longe de

---

Sexto, enquanto equivalentes de *khrēmata*. 2) o sentido de *hōs*, ambíguo entre conjunção que introduz um complemento ("*que* são as coisas que são", é a compreensão de Heidegger, por exemplo, cuja tradução glosa: "de todas as coisas [...] o (respectivo) homem é a medida, das coisas presentes, a medida de serem presentes como são presentes [...]", trad. Alexandre Franco de Sá, pp. 127-8 [na tradução, alteramos o verbo "estar" pelo verbo "ser", para que a análise do texto e da tradução citada não prejudique, de modo algum, as decisões da autora (N. dos T.)] e interrogação indireta ("*como* são as coisas que são", trad. M. Trédé e P. Demont. *Protagoras*. Paris: Livre de Poche, 1993, p. 186; ver "no sentido em que elas são", trad. M. Narcy. *Théétète*. Paris: Flammarion, 1994, p. 153, Col. "GF"; "para o que elas são", trad. L. Brisson. *Philosophie grecque*. Paris: PUF, 1997, p. 108).

negar sua existência: chamo "sábio" aquele que, para um de nós, ao transformar [*metaballon*] o que parece e é ruim, faz de um modo que pareça e seja bom. [...] **É preciso operar a transformação de um estado a outro** [*metablēteon d'epi thatera*]**, pois um dos estados é melhor do que o outro** [*ameinôn gar hē hetera hexis*]. É assim que na educação [*en tēi paideiai*], por exemplo, **deve-se fazer passar de um estado menos bom a um estado melhor** [*epi tēn ameinōi*]; assim, o médico produz isso pelos remédios [*pharmakois*], o sofista, pelos discursos [*logois*]. **De uma opinião falsa** [*pseudē doxazonta*], de fato, **nunca se fez ninguém passar a uma opinião verdadeira** [*alēthē epoiese doxazein*] [...]. Mas fez-se que, sob efeito de um estado **útil** [*khrēstēi*], se passasse a opiniões **úteis**, representações [*phantasmata*] que alguns, por falta de experiência, chamam de **verdadeiras**, mas **que eu chamo melhores umas que outras, em nada mais verdadeiras** [*beltiō men hetera tōn heterōn, alēthestera de ouden*]. Quanto aos sábios, meu caro Sócrates [...], **para os corpos**, eu os chamo médicos, **para as plantas**, agricultores. De fato, digo que agricultores são aqueles que, para as plantas, no lugar das sensações e estados penosos ligados à doença, imprimem sensações e estados úteis e sãos. E que os oradores sábios e bons são os que fazem com que, **para as cidades**, sejam as coisas úteis, no lugar das nocivas, que pareçam ser justas [*ta khrēsta anti tōn ponērōn dikaia dokein einai poiein*]. [...] Assim, há pessoas mais sábias do que outras sem que ninguém tenha opiniões falsas, e **tu, quer o queiras, quer não, deves suportar ser medida**.[9]

Protágoras vira o jogo radicalmente: faz passar da oposição binária verdadeiro/falso, órbita do princípio de não contradição, ao comparativo: "melhor". Para dizê-lo como filósofo, ele conduz de Aristóteles a Leibniz e do

---

9. Platão, *Teeteto*, 166 b-167 (grifos meus).

princípio de não contradição ao princípio de razão. "[...] nada ocorre sem que seja possível [...] dar uma razão que baste para determinar por que é assim [em vez de] outro modo"[10]. Com seu "em vez de", o novo princípio leibniziano implica o comparativo, e ele é justamente nomeado "princípio do melhor". Se Voltaire zombou desse melhor, é porque ele é o melhor apenas "para Deus", ele, que calcula integralmente, sem nunca se enganar; tão bem que Deus escolhe o mundo dos infortúnios de Cândido ou do estupro de Lucrécia "em vez de" todos os outros mundos possíveis, sendo ele o único a saber que esse mundo seria o pior por culpa de tais infortúnios. "Max--min": o princípio de economia é aquele que Rawls herdará sob o véu da ignorância dos homens. O relativismo consequente reabre a discussão sobre a concorrência entre princípio de não contradição, ligado à Verdade exclusiva e necessária, e princípio de razão, ligado às verdades de pontos de vista e de interpretações. Ele conduz simultaneamente a descobrir o privilégio do Um sob a razão integral e integrativa, divina ou divinamente matemática, e a destituir o ponto de vista de todos os pontos de vista. Ou ainda: a diferença entre verdades de razão, necessárias e universais, e verdades de fato, contingentes, é retrabalhada quando se supõe que o real e o racional têm definição variável.

Compreendemos – obrigada, Sócrates! – que podemos visar não a Verdade com V maiúsculo, a Ideia platônica que faz o filósofo-rei triunfar perante e contra todos

---

10. G. W. Leibniz. "Princípios da Natureza e da Graça fundados na razão", trad. Alexandre da Cruz Bonilha [citação ligeiramente modificada (N. dos T.)], em *Discurso de metafísica e outros textos*. São Paulo: Martins Fontes, 2004, p. 158. Ver também: "Os princípios da filosofia ou A Monadologia", §§ 31 e 32, na mesma obra.

(e com certeza contra todas), mas um "mais verdadeiro". Não um absoluto, mas um comparativo. Mais precisamente ainda, um "comparativo dedicado": o "mais verdadeiro" é um "melhor para", pois o melhor é definido como "o mais útil", o mais adaptado (à pessoa, à situação, a todos os elementos deste momento que os gregos nomeiam *kairōs*, "oportunidade"). Onde se encontra o sentido exato destes *khrēmata*, dos quais o homem seria a medida, não as coisas, os entes, substâncias, essências ou ideias, mas aquilo de que nos servimos, os objetos de uso, para usar e gastar, a partir de *khraōmai*, literalmente: "tomar uma coisa em mão", e *kheir*: a "mão"; os *khrēmata*, no plural, também designam as "riquezas", das quais defenderei que a linguagem, com as performances discursivas, evidentemente faz parte[11].

Na amplitude de seu sentido matemático-ético, resta entender o que é um *metron*, unidade de medida, padrão, medida e ação de medir, média e meio, justa medida, meio-termo, por oposição à *hybris*, essa desmedida perigosa como uma vontade de (mais) potência, que atrai ciúme e castigo, inclusive por parte dos deuses.

Diremos com rapidez que o homem de Protágoras é o ser do meio, em seu lugar no *kosmos* entre o animal e o deus – entre o porco ou o cinocéfalo do *Teeteto* e o deus, medida de todas as coisas, de *As Leis*[12]. Mas eu perturba-

---

11. Ver Barbara Cassin, *O efeito sofístico*, op. cit., em particular, pp. 234-9.
12. Platão. *As Leis*, IV, 716 c-e: "O deus para nós é a medida de todas as coisas [*ho dē theos hēmin pantōn khrēmatōn metron eiē*]." Reescrita para comparar, para melhor e para pior, com aquela de Aristóteles, *Ética a Nicômaco*, IV, 1119 b 26: "Chamamos *khrēmata* tudo aquilo cujo valor é medido pela moeda [*khrēmata de legomen panta hosōn hē axia nomismati metreitai*]." O homem entre Deus e a finança...

ria de bom grado essa harmonia que reina na ética aristotélica e se torna fundamental para convivialistas de boa vontade, por meio de uma afirmação um pouco menos convencional, encontrada com Alain Fleischer filmando Jean-Luc Godard em *Morceaux de conversation* (2007). Godard propôs definir o cinema, uma arte-*scópio* entre telescópio, em conexão com o infinitamente grande, e microscópio, em conexão como o infinitamente pequeno, como "arte do infinitamente médio". *In medias res*, eis que podemos começar pelo meio, e que, no entanto, nada está acabado[13].

A ênfase dada à performance implica a verdade-variedade, efeito e não origem, sob a égide do que constitui, a meus olhos, o regime contemporâneo por excelência do relativismo consequente: aquele do performativo austiniano, generalizado em performance discursiva[14]. Ao concluir *How to do things with words*, Austin se alegra de que a invenção do performativo lhe tenha permitido "despedaçar dois fetiches (que estou bastante inclinado, tenho de admitir, a maltratar...), a saber: 1) o fetiche verdadeiro-falso, e 2) o fetiche valor-fato[15]": esta é, no meu

---

13. Gostaria de remeter aqui tanto a Vinciane Despret, por exemplo, "Penser par le milieu, cultiver l'équivocation", em *Les Pluriels de Barbara Cassin ou le Partage des équivoques*, org. Ph. Büttgen, M. Gendreau-Massaloux e X. North. Bordeaux: Le Bord de l'eau, 2014, pp. 145-54, quanto a Pierre Bourdieu. *Un art moyen. Essai sur les usages sociaux de la photographie*. Paris: Minuit, 1965.

14. Meu próximo livro, escrito há muito tempo, *Comment faire vraiment des choses avec les mots*, relaciona-se bem com essa questão. [O livro foi publicado sob o título *Quand dire, c'est vraiment faire*. Paris: Fayard, 2018. (N. dos T.)]

15. John Austin. *How to do things with words*. 2. ed. 1975, reed. 1980, com correções e novo índice de J. O. Urmson e M. Sbisa. Oxford: Oxford University Press; *Quand dire, c'est faire*. Trad. (a partir da 1. ed., de 1962) e introd. G. Lane. Paris: Seuil, 1991, p. 153 (Col. "Points Essais"); *Quando*

modo de ver, a pontuação mais sã de um relativismo bem compreendido.

Nesta perspectiva, não há ser para buscar sob o aparecer ("é-e-aparece" gera sintagma), não há Um para buscar abaixo ou acima do múltiplo. Não há ponto de vista de Deus para unificar todas as percepções das mônadas. No entanto, e é isso que não veem todos os nossos contemporâneos que vilipendiam o relativismo, nem todas as opiniões equivalem. Por isso é preciso, pedagógica e politicamente, tanto para os indivíduos como para as cidades, capacitá-los para preferirem a melhor, ou seja, a melhor para.

A razão é um universal construído. O interesse dessa proposição é que ela implica que se possa sempre tentar construí-lo de outro modo, sobre outras bases, por extensão, por exemplo, como nas ciências, sobretudo nas matemáticas, com as geometrias não euclidianas. Tal é o império do universal, tão expansionista quanto o império do sentido. Se retornarmos ao ponto em que Aristóteles se deteve para expulsar aqueles que fazem barulho com a boca, poderemos integrá-los, integrar alguns deles um pouco mais. Assim, a psicanálise fez retornar outros "insensatos" ao regaço do sentido, em particular graças ao conceito de significante – Freud e Lacan como sofistas... Mas trata-se aqui, ainda e sempre, de um imperialismo do tipo aristotélico, já que, para retomar os termos de Freud, o inconsciente deve seu estatuto de "hipótese necessária e legítima" a um "ga-

---

dizer é fazer. Trad. e apres. Danilo Marcondes de Souza Filho. Porto Alegre: Artmed, 1990. [A tradução da citação, no entanto, foi realizada a partir do texto em francês, pois o trecho entre parênteses foi excluído da tradução brasileira. (N. dos T.)]

nho em sentido e coerência"[16]. Mais uma vez, para voltar ao mesmo.

Também se pode pensar – é isso que me interessa – que a única maneira de chacoalhar a estrutura é mostrando-a enquanto tal, como um dispositivo, como uma instalação. Sem dúvida é isso que é uma "revolução", a copernicana, por exemplo. De certo modo, é o que tentaram fazer, incansavelmente, Foucault, Derrida, bem como, no mais alto nível, o Deleuze de *Lógica do sentido* e de *Diferença e repetição*, o Lyotard do *Différend* [*Diferendo*] e, claro, Lacan. Eles (a *French Theory*?) nunca deixaram de se empenhar nisso, reformulando as descrições em termos de política, de estratégia da razão, de ideologia, de genealogia, de prescrição – de dispositivo[17].

As duas modalidades, estruturante e contra-estruturante, podem, obviamente, ter parte uma com a outra: Nietzsche-Marx-Freud podem oferecer uma extensão do mesmo *e* abrir uma tentativa de outro. Tudo depende de como nos servimos delas, quando e para fazer o quê. A condição desta abertura de alteridade é simples. Trata-se aqui, precisamente, de uma função crítica essencial: recolocar em seu lugar de universal construído aquilo que se autoproclama como dado. *E* não deixar de fazê-lo. Em

---

16. Sigmund Freud, *Introdução ao narcisismo, ensaios de metapsicologia e outros textos (1914-1916)*. Trad. Paulo Cézar de Souza. São Paulo: Companhia das Letras, p. 134 s. (*Obras completas*, v. 12). Do mesmo modo, o chiste é sempre definido como "sentido no absurdo", em *O chiste e sua relação com o inconsciente*. Trad. Fernando Costa Mattos e Paulo Cézar de Souza. São Paulo: Companhia das Letras, p. 95 s. (*Obras completas*, v. 7). Ver Barbara Cassin, *Jacques, o sofista*, *op. cit.*, e a intervenção de Roland Gori, "De Freud à Lacan: le plus sophiste des deux n'est pas celui que l'on pense!", em *Les Pluriels de Barbara Cassin*, *op. cit.*, pp. 65-75.

17. Ver acima, p. 79.

suma, não há mais luta final que não seja a da origem, ou a da essência-identidade imutável da língua. E que autênticos filósofos façam troça de Heráclito e de Crátilo, que sempre escorrem e fluem como se estivessem resfriados[18]. Char dizia: "Sem fundo, sem teto."[19]

O ódio ao relativismo – "minha razão pura ou o caos"

É no exercício, em geral bastante solene, dessa função crítica em descompasso com Kant que quero tentar recolocar em perspectiva a unanimidade, não somente quanto ao desprezo, mas quanto ao ódio suscitado por aquele que chamo de "relativista consequente"[20]. Desde Platão, o relativismo é ligado ao ódio à razão e à verdade. Mas o ódio, parece, deveria ser procurado mais do outro lado. Gostaria de analisar a construção do espantalho relativista e seu uso contemporâneo.

A condenação do relativismo de fato retorna hoje em dia, muito depois de Platão e Aristóteles, na vanguarda de todas as cenas, com Apel e Habermas, por meio dos ruidosos Sokal e Bricmont ou da encíclica de João Paulo II, incessantemente reatualizados – por

---

18. Sócrates, a respeito de Heráclito, em Platão, *Crátilo*, 440 c-d, ou a respeito de Cálicles, em *Górgias*, 493 d-494 b.

19. Em francês: *"Pas de fond, pas de plafond"*. [N. dos T.]

20. "Cético consequente" é o rótulo que Habermas aplica a Nietzsche e a Foucault em: *Consciência moral e Agir comunicativo*. Trad. Guido A. de Almeida. Rio de Janeiro: Tempo Brasileiro, 1989, p. 122. Vou me permitir remeter aqui a: Barbara Cassin. *Aristote et le* logos. *Contes de la phénoménologie ordinaire*. Paris: PUF, 1997, cap. 1, "Comment l'éthique vient au langage, d'Aristote à Habermas", cujas demonstrações servem de base para o que segue.

Boghossian, por exemplo, do lado da filosofia analítica, ou por Ratzinger, do lado da religião[21].

Apel e Habermas, os reiniciadores do gesto antigo, repetem discretamente a exclusão aristotélica: aqueles que se liberam do jogo de linguagem transcendental, "metainstituição de todas as instituições humanas possíveis", pagam por isso "com a perda da identidade de si enquanto agente sensato" no "suicídio" existencial ou na "paranoia autista"[22]. Do mesmo modo, aquele que rejeita, calando-se, por exemplo, "seu pertencimento à comu-

---

21. Alan Sokal e Jean Bricmont. *Imposturas intelectuais*. Trad. Max Altman. Rio de Janeiro: Record, 2010; Paul Boghossian. *Medo do conhecimento*: contra o relativismo e o construtivismo. Trad. Marcos Bagno. São Paulo: Senac, 2012; João Paulo II. *Carta encíclica Fides et Ratio*. 13. ed. São Paulo: Paulinas, 1998; Cardeal Joseph Ratzinger. Homília de 18 de abril de 2005 (*Santa Missa "Pro eligendo romano pontifice"*). Retomo aqui alguns dos pontos principais de uma comunicação apresentada nos primeiros Encontros filosóficos de Langres (2011), sobre a temática da verdade; lá eu falei, no cinema, de "Verdade e relativismo", enquanto, no teatro, no mesmo momento, Pascal Engel falava de "Pode haver várias verdades?", para demonstrar que: "Só há uma verdade e ela é absoluta." Além dessa verdade única, todo o resto corre indistintamente o risco de ser *bullshitado*, como logologia justamente, nas garras da linguagem, logo passível de todos os efeitos *"yau de poêle"* que os embustes servem para demonstrar desde François George, em *L'Effet 'Yau de poêle de Lacan et des lacaniens*. Paris: Hachette, 2007, até "Un 'philosophe français' label rouge. Relecture tripodienne d'Alain Badiou", de Anouk Barberousse e Philippe Huneman, no *Carnet Zilsel* de 1º de abril de 2016, que, notemos, "separa o joio do trigo". [Nesta nota, o termo *bullshitado* vem do inglês *bullshit*, literalmente "cocô de touro", geralmente traduzido para o português como "bobagem" ou simplesmente "falar merda". Já o *yau de poêle* se refere a uma antiga brincadeira francesa, *"comment vas-tu – yau de poêle? / bien et toi, le à matelas?"*, comparável à nossa "como tá tu, cara de tatu?". (N. dos T. e do E.)]

22. Karl-Otto Apel. "La question d'une fondation ultime de la raison". Trad. S. Foisy e J. Poulain, em *Critique*, outubro de 1981, p. 926. Ver Barbara Cassin, *Aristote et le logos, op. cit.*, cap. 1.

nidade dos que argumentam" e se põe, assim, fora da "moralidade social própria das relações vividas", só tem mais é que se refugiar "no suicídio ou na demência"[23] – as plantas que falam vão, agora, para o necrotério ou para o manicômio. Repetição sinistra, e pragmaticamente terrorista, a desse fora fechado na morte e na loucura: com a amplitude do *logos*, Aristóteles dava, quando ele o queria, mais plumagem ontológica à exclusão e um aspecto menos triste à integração.

Paul Boghossian, Silver Professor of Philosophy at New York University, parte de um artigo do *New York Times* que relata as afirmações de Sebastian LeBeau, representante de uma tribo Lakota (Cheyenne): "[...]Somos descendentes do povo Búfalo. [...]. Se os não índios escolhem acreditar que evoluíram de um macaco, é escolha deles. [...]", que ele comenta assim: "Em vastos departamentos de humanidades e de ciências sociais, essa espécie de 'relativismo pós-moderno' sobre o conhecimento conquistou o *status* de ortodoxia"[24]. No entanto a diferença de tratamento com a qual Boghossian se indigna, ou da qual zomba, não me parece tão absurda: "[...] permitir que uma ideia questionável seja criticada se for sustentada pelos que estão numa posição de poder – o criacionismo cristão, por exemplo –, mas não se for sustentada por aqueles a quem os poderosos oprimem – o criacionismo dos zunis, por exemplo."[25] Na perspectiva do "melhor para", os dois discursos criacionistas, bem como suas duas críticas, não se situam nem no mesmo

---

23. Jürgen Habermas. *Consciência moral e Agir comunicativo*, op. cit., p. 125.

24. Paul Boghossian. *Medo do conhecimento*: contra o relativismo e o construtivismo, *op. cit.*, p. 17.

25. *Ibid.*, p. 183.

domínio de competência nem no mesmo jogo de linguagem, tampouco têm a mesma incidência política. O prefácio de Jean-Jacques Rosat, que apoia Boghossian, é bastante claro: seria um erro acreditar que o relativismo é progressista, que ele auxilia as minorias, porque a única maneira de auxiliá-las é com o Iluminismo, que une conhecimento (verdade) e liberdade. Notaremos que é esse mesmo fundamento que se encontra explícito na obra de Heidegger, em *Sobre a essência da verdade*: "A essência da verdade é a liberdade."[26] Porém a necessidade desse monoteísmo das Luzes, embora muito compartilhado, não tem nada de evidente para mim.

É possível que o mais consequente, o único verdadeiramente consequente, dos antirrelativistas contemporâneos seja – a César o que é de César – o papa João Paulo II. A encíclica *Fides et Ratio*[27] é um texto forte, porque nele, simples e rigorosamente, mete-se os pés pelas mãos. Se me permitem, vou apresentar rapidamente alguns trechos desse texto. Primeiro, o diagnóstico: "um dos dados mais salientes da nossa situação atual consiste na 'crise de sentido'", em outras palavras, "a crise de confiança que a nossa época está a atravessar acerca das capacidades da razão". O objetivo é "prevenir do perigo que se esconde em algumas correntes de pensamento, hoje particularmente difusas", que serão denunciadas

---

26. Martin Heidegger. "Sobre a essência da verdade". Trad. e notas Ernildo Stein, em *Conferências e escritos filosóficos*. São Paulo: Nova Cultura, p. 335.

27. João Paulo II. *Carta encíclica Fides et Ratio, op. cit.* Cito e comento as pp. 104-18 [as páginas indicadas são do texto em francês. A versão em português está disponível em: https://www.vatican.va/content/john-paul-ii/pt/encyclicals/documents/hf_jp-ii_enc_14091998_fides-et-ratio.html (N. dos T.)].

sob os nomes de "ecletismo", "historicismo", "cientificismo", "pragmatismo", "niilismo", a enumeração culminando em: "pós-modernidade". Em uma investida talvez confessionalmente significativa, João Paulo II afirma "a autonomia do pensamento filosófico", mas declara, apesar disso, que todas essas tendências têm "seus erros e consequentes riscos para a atividade filosófica" em si mesma: de fato, essas tendências negam "a validade perene da verdade", bloqueiam "a possibilidade de se conhecer uma verdade universalmente válida". Ou, em uma única frase: "Uma filosofia *radicalmente relativista* revelar-se-ia inadequada para ajudar no aprofundamento da riqueza contida na palavra de Deus. De fato, a Sagrada Escritura sempre pressupõe que o homem, mesmo quando culpável de duplicidade e mentira, é capaz de conhecer e captar *a* verdade clara e simples."[28] As coisas estão enfim claras, e o trabalho está bem feito. A reivindicação do singular, "a" verdade, implica que se passe ao fundamento. Por mais que o fundamento seja buscado no próprio procedimento (é a proposta de Habermas), é preciso um motivo para a obrigação de engajar-se no procedimento – como eu disse: metem-se os pés pelas mãos. Esse motivo único é Deus, que a filosofia, com toda a autonomia, chama de razão. De modo que o diagnóstico de todos os antirrelativistas é rigorosamente exato ao recolocar a pós-modernidade sob o signo do nietzschismo: se Deus está morto, o rei está nu, e somos todos pós-modernos.

O cardeal Ratzinger, às vésperas de se tornar Bento XVI, escolheu comentar em sua homilia a epístola 4, 14 de São Paulo: "Não deveríamos permanecer crianças,

---

28. *Ibid.* (grifos meus).

não devemos mais nos deixar ser batidos pelas ondas e levados por qualquer vento da doutrina":

> Ter uma fé clara, segundo o Credo da Igreja, muitas vezes é classificado como fundamentalismo. Enquanto o relativismo, isto é, deixar-se levar "aqui e além por qualquer vento de doutrina", aparece como a única atitude à altura dos tempos hodiernos. Vai-se constituindo uma ditadura do relativismo, que nada reconhece como definitivo e que deixa como última medida apenas o próprio eu e as suas vontades.[29]

Mesmo que o *eu* não seja, como se compreende, a última palavra do relativismo, penso que esses papas[30] são mais perspicazes que o filósofo analítico: é justamente em Deus que a universalidade da razão encontra, há séculos, seu fundamento, quer ela queira e saiba ou não.

O ódio ao relativismo gera *doxa*. *Doxa* política, antes de tudo.

Lembremos do "lembrem-se", às vésperas das eleições presidenciais francesas:

> Maio de 68 nos impôs o relativismo intelectual e moral. Os herdeiros de maio de 68 impuseram a ideia de que tudo era igualmente válido, de que não havia nenhuma diferença entre o bem e o mal, entre o verdadeiro e o falso, entre o belo e o feio. Tentavam fazer crer que o aluno equivalia ao mestre, que este não deveria dar notas para não traumatizar os maus alunos, não deveria classi-

---

29. *Santa Missa "Pro eligendo romano pontifice"*, Basílica do Vaticano, de 18 de abril de 2005. Disponível em: https://www.vatican.va/gpII/documents/homily-pro-eligendo-pontifice_20050418_po.html.

30. Devo acrescentar que o papa atual, papa Francisco, consegue seduzir, por uma parte de suas ações (e seus discursos são ações), até mesmo, e talvez especialmente, os relativistas consequentes.

ficar. Tentavam fazer crer que a vítima contava menos que o delinquente. Tentavam fazer crer que não poderia haver nenhuma hierarquia de valores. Proclamavam que tudo era permitido, que a autoridade tinha acabado, que a boa educação tinha acabado, que o respeito tinha acabado, que não havia mais nada grande, mais nada sagrado, mais nada admirável, nenhuma regra, nenhuma norma, nenhum interdito. Lembrem-se do slogan de maio de 68 nas paredes da Sorbonne: "Viver sem restrições e gozar sem entraves."[31]

Esse ódio gera *doxa*, e sou muito sensível a isso, até nas obras dos intelectuais europeus pelos quais tenho a maior estima, e precisamente quando eles são diretamente confrontados com a questão das línguas. É o caso do grupo dos intelectuais para o diálogo intercultural, constituído por iniciativa da Comissão Europeia, presidido por Amin Maalouf, que incluía especialmente Tahar Ben Jelloun. Lê-se claramente em suas propostas "Um desafio salutar. Como a multiplicidade das línguas poderia consolidar a Europa" (Bruxelas, 2008):

> Nunca é fácil formular com precisão nem sobretudo de maneira exaustiva, quais são os valores aos quais toda pessoa deve aderir para ter seu lugar sob o teto da Europa de maneira plena. Mas essa imprecisão, nascida de uma precaução intelectual legítima, não significa que se deva resignar-se ao relativismo na questão dos valores fundamentais.

A aliança contra o relativismo gerou, assim, uma unanimidade, de Platão a Boghossian e do sabre à cal-

---

31. Nicolas Sarkozy, discurso de Bercy, em 29 de abril de 2007. Nós nos esquecemos?

deirinha³². Estamos aqui, sem dúvida, na filosofia perene, ou ontologia da verdade, e o relativista tem um único dever: calar-se.

Felizmente, Vincent Descombes fez um diagnóstico, que parece ainda não ter envelhecido, no célebre número da revista *Critique: La traversée de l'Atlantique* [A travessia do Atlântico]³³. Ele analisa como Blanchot, no texto "Les intellectuels en question", se permite passar a "carta forçada", ou seja, o dilema do racionalista: "Minha razão pura ou o caos". Desenhada em um só traço, temos a própria definição do absolutismo em filosofia, e essa definição dá conta dos danos do universal.

O relativista não odeia a razão, ele a julga. Ele desconfia, com razão, da ideologia única que a razão, ou melhor, que "a" filosofia promove. Isso se chama "crítica", e a crítica não é necessariamente esnobe nem politicamente correta.

"Deves suportar ser medida": educar o gosto

Enquanto isso, o que dizem os relativistas consequentes que ainda ousam falar?

"A" verdade, "a" razão são construções belíssimas e muito eficazes. É muito perigoso pretender que não se trata de uma construção, pois isso arrisca implicar que

---

32. A expressão no original, *du sabre au goupillon*, faz referência à Santa Aliança entre a Armada, representada pelo *sabre*, e a Igreja, representada pelo *goupillon* (recipiente no qual era depositada a água benta). A expressão original *"la Sainte Alliance du sabre et du goupillon"*, atribuída ao estadista francês Georges Clemenceau (1841-1929), designa uma situação em que não se vê saída. [N. dos T.]

33. Nº 456, maio 1985.

não se pode modificá-la, transformá-la, fazê-la evoluir em sua definição e em seu método. É por um triz que, em nome da ordem, arrisca-se interditar todo progresso. Protágoras, porta-voz histórico dos relativistas, partidário da "mudança de disposição para outra melhor", o exprime, já vimos, pela boca de Sócrates: "pensamentos que alguns, por falta de experiência, chamam verdadeiros, mas que chamo de uns melhores que outros, em nada mais verdadeiros". A política não consiste em impor universalmente a Verdade (ou em impor a verdade universal). Ela consiste em ajudar a escolher o melhor de um modo diferenciado. Essa é a enorme sutileza, mas também a enorme objetividade, de um relativismo consequente.

O comparativo dedicado, que leva em consideração a singularidade contextualizada, define, no meu modo de ver, a missão da cultura e da política, não da política absolutamente boa, mas da "melhor" política cultural. A melhor política cultural deve auxiliar de modo diferencial na escolha do melhor. Esta é a definição do que eu gostaria de chamar uma cultura de paz: auxiliar de modo diferencial na escolha do melhor. Educar o gosto. Quando os alunos do liceu Le Corbusier, de Aubervilliers, reclamam, na verdade quando decidem promover "a antropologia para todos", eles reivindicam que se entenda sua/a diversidade cultural e linguística, mas exigem ao mesmo tempo algo como uma educação do gosto. "Pertenceria o gosto à classe das faculdades políticas?"[34] Conhecemos a resposta arendtiana: sim!

Dito de outro modo, o universal é, aos meus olhos de mulher filósofa, uma estratégia, em vez de um valor

---

34. Hannah Arendt. "A crise na cultura: sua importância social e política", em *Entre o passado e o futuro*. Trad. Mauro W. Barbosa. São Paulo: Perspectiva, 2016, p. 154.

definitivo e último em si mesmo; ou ainda, o melhor universal é complexo, múltiplo, relativo. É tal que nos apoiamos na verdade concebida enquanto universal para melhor resistir[35]. Em todo caso, repito que de minha parte só me apoio sobre o universal para melhor resistir.

Para fazer justiça ao relativismo e a uma política de tipo sofista, possivelmente é preciso ir até a compreensão de que o homem é medida também do sentido das palavras, portanto justamente não como o porco do *Teeteto*: a cada um seu significado. Não há nada de deplorável quando digo uma coisa e você entende outra; ao contrário, é isso mesmo que nos permite chegar a um acordo. A *homonoia*, o consenso do qual tanto falam Górgias e Antifonte, é primeiro e antes de tudo uma *homologia*, identidade de discursos, até mesmo uma *homofonia*, identidade de sons, que tem como efeito constituir e manter, instante após instante, ocasião após ocasião, a unidade das diferenças, constitutiva da cidade e da paz entre as cidades. Para dar um exemplo um pouco mais contemporâneo, quando François Mitterrand foi perguntado, na ocasião de sua última campanha eleitoral, se seria preciso acreditar na sinceridade de Mikhail Gorbatchov a respeito do desarmamento, sua resposta – que essa não era a questão, mas que bastaria tomá-lo ao pé da letra – foi uma lição de política sofista. Proponho que se leve em consideração a diferença entre equívoco e língua de pau, entre a lição de Ponge e o politicamente

---

35. Leiam a diferença: Václav Havel na oposição, escritor e político motivador, e Václav Havel presidente, que escreveu "O amor e a verdade devem triunfar sobre o ódio e a mentira" [*Pravda a láska musí zvít zit nad lží a nenávistí*, 2007]. Claro, preferimos que o amor e a verdade estejam no poder, mas que desperdício colocar o universal do lado do mais forte!

correto. Caso de *paideia*, de gosto: para mim, a escolha é clara como água.

Mas quem julga? *Who shall be judge? Quis judicabit?* Grande questão, que atravessa toda a filosofia de Hobbes, de Kant. Resposta: todo homem. Assim, Protágoras conclui: "deves suportar ser *metron*, medida, critério." Aqui nos juntamos a Arendt e ao julgamento de gosto enquanto faculdade política por excelência. Mas, não mais que a dialética, o julgamento de gosto kantiano, relacionado ao belo como "aquilo que agrada universalmente sem conceito", não me parece uma ferramenta suficiente. Sim, eu também, como vocês, creio, gosto das pinturas rupestres, que me arrebataram imediatamente quando caminhei pelas grutas da África do Sul, no entorno de Citrusdal, caminhei acompanhando as linhas de poder e as mãos vermelhas aplicadas ao longo de um percurso de milhares de anos de distância. Fui treinada para poder apreciá-las, assim como amo o mar com entranhas de uva[36]. Mas por que os homens que desenharam essas linhas, esses animais e essas bolsas gostariam também da *Mona Lisa*? Creio na educação do julgamento, não na universalidade dele, mesmo sem conceito. Minha relação com o universal é não subjetiva, mas integralmente relativa. O universal dos direitos do homem (de nossos direitos do homem, dos direitos de nosso homem), talvez seja melhor defendê-lo.

Sigo aqui os passos, com um tom mais sofístico ou mais maquiavélico, de Mireille Delmas-Marty quando

---

36. Provável referência ao poema de Paul Claudel: "Possédons la mer éternelle et salée, la grande rose grise! Je lève un bras vers le paradis! je m'avance **vers la mer aux entrailles de raisin!**" (grifo nosso). "L'esprit et L'eau", em *Cinq grandes odes: La cantate à trois voix*. Paris: Gallimard, 1936, p. 17. [N. dos T.]

ela pensa a relação entre o relativo e o universal em *Les Forces imaginantes du droit* [As forças imaginantes do direito][37]. "Relativizar o universal", escreve, "é [...] colocá--lo em relação com uma realidade localizada no espaço e situada no tempo. Juridicamente esse jogo ganha um nome, o de 'margem nacional de apreciação'."

Como jurista, ela precisa ponderar sobre esse direito "com textura múltipla" ampliando a noção de previsibilidade. Ora, isso se torna possível desde que se utilize outra lógica além da lógica normativa binária, aristotélico-universal:

> Para garantir a previsibilidade de tal **direito com textura múltipla**, que vai do direito duro ao flexível, seria necessário, além disso, **aprender a utilizar toda a paleta de lógicas**: a **lógica binária clássica** quando se trata de conceitos duros [...]; em presença de hierarquias flexibilizadas por uma margem nacional de apreciação, ou por uma margem de incerteza no tempo, a **lógica difusa** (*fuzzy logic*), que introduz uma gradação no processo de integração normativa (obrigação de conformidade em vez de identidade) e supõe a fixação de um limiar (compatibilidade em vez de conformidade); por fim, para os conjuntos não hierárquicos, será preciso, talvez, apelar para outros métodos, como a **topologia**, que estuda as relações de vizinhança entre os conjuntos aparentemente autônomos e descontínuos, mas na verdade **porosos e interativos.**[38]

Para ela, trata-se de imaginar, "ecoando o direito dito pós-moderno, uma futura democracia pós-moder-

---

37. Mireille Delmas-Marty. *Les Forces imaginantes du droit. Le relatif et l'universel*. Paris: Seuil, 2004, p. 406.

38. *Ibid.*, p. 413; grifo as palavras que esboçam uma maneira de pensar em comum.

na". "Dos pré-socráticos aos pós-modernos", será boa a consequência que escape a toda recuperação heideggeriana[39]. A expressão "forças imaginantes" [*forces imaginantes*] do direito, explica Mireille Delmas-Marty, marca "a ação enquanto se faz, sempre por recomeçar" – sem fundo, sem teto. Seu "pluralismo ordenado" e o meu "relativismo consequente" parecem duas maneiras muito próximas de continuar a se mexer, de manter-se vivo, entre "ordem hegemônica" e "desordem impotente". A psicanálise e o direito seriam, hoje em dia, com a antropologia, as disciplinas porosas que permitem pensar o caso, "aquilo que cai sob", mantendo-o como caso no cerne de um dispositivo em curso de reconstrução perpétua.

O DISPOSITIVO HUMBOLDT

> Nossa frase "the stone falls" poderia ser reconstruída e tornar-se: "it stones down" ("pedra-se para baixo") […].
> O estudo linguístico nos faz tomar consciência da relatividade da forma de pensamento e, nisso, realiza uma obra de emancipação: pois o que acorrenta o pensamento e paralisa o espírito é sempre a adesão obstinada aos absolutos.
>
> EDWARD SAPIR,
> "Le grammairien et sa langue"

> Agora, os pesquisadores das ciências cognitivas sabem como refletir sobre o pensamento.
>
> STEVEN PINKER,
> *O instinto da linguagem*

---

39. Esse é o título do primeiro seminário que realizei, com Michel Narcy, no *Collège International de Philosophie*; ver *Le Cahier*, n. 1, out. 1985. Paris: PUF, pp. 54-63.

O encaixe dos *energeiai*

O *Dicionário dos intraduzíveis* é bárbaro, sofista, humboldtiano. Estes três predicados complicam o universal, ou seja, a relação da filosofia com a Verdade maiúscula. É sob a batuta do relativismo consequente que eu gostaria de descrever aqui a rede humboldtiana que me serve de bússola em tradução.

"Alcanço a autêntica certeza da verdade muito raramente e oscilo com muita facilidade entre duas séries de ideias, de tal modo que, quando estou a ponto de adotar a primeira, sempre acho a outra melhor", escreveu Humboldt em "Fragmento de uma autobiografia"[40]. Temos aí o que Jürgen Trabant chama de "um dos famosos *immer zugleich*"[41], ou, mais precisamente, o questionamento do princípio de não contradição, do *oukh hama* pelo qual Aristóteles, no livro Gama da *Metafísica*, proíbe qualquer "ao mesmo tempo", não somente o da contradição lógica entre proposições, mas até mesmo e em primeiro lugar, como já vimos, o da simultaneidade dos sentidos de uma palavra e a anfibologia de um enunciado[42].

De imediato, tem-se a medida da distância em relação ao estatuto da verdade "filosófica". Ela é tripla. Em primeiro lugar: não há "certeza da verdade". Mas então como

---

40. Wilhelm von Humboldt. "Fragment d'une autobiographie", em *De l'esprit de l'humanité et autres essais sur le déploiement de soi*. Trad. O. Mannoni (ligeiramente modificada). Charenton: Éditions Premières Pierres, 2004, p. 53 [= *Gesammelte Schriften*, ed. A. Leitzmann *et al.*, Berlim: Behr, v. XV, p. 459].

41. Jürgen Trabant, "Le sens du langage", em *La Pensée dans la langue. Humboldt et après*, org. Henri Meschonnic. Saint-Dennis: Presses Universitaires de Vincennes, 1995, p. 55. ["Immer zugleich" pode ser traduzido como "sempre ao mesmo tempo". (N. dos T.)]

42. Ver acima, cap. 2, p. 72 s.

definir e reconhecer a verdade? Ainda há verdade? – "Muito raramente"? A razão disso é, segundo motivo, que tudo é tomado no movimento do tempo: "eu oscilo", "quando estou a ponto de...". E, ao fim, acaba-se tomando o signo do comparativo e da modalização: "acho sempre a outra melhor".

Ora, acredito que se trate, nesses três movimentos, da própria experiência do tradutor, uma vez que ela se enquadra no que chamarei agora de relativismo consequente. Caracterizarei assim: as traduções, como as línguas, são mais *energeiai* do que *erga*, algo de relativo em relação ao resultado, mas pragmaticamente absoluto.

No que concerne à tradução, a *Introdução a Agamêmnon* o diz expressamente: "Pois traduções são, mais do que obras duradouras, trabalho... [*sind doch mehr Arbeiten* [...] *als dauernde Werken*]."[43] É também o caso da língua: "Em si mesma, a língua não é uma obra realizada (*Ergon*), mas uma atividade em realização (*Energeia*)."[44] E, a rigor, isso vale primeiro para o ato singular da fala atualmente proferida, já que a língua é apenas, considerando tudo, "a projeção totalizante dessa palavra em ação"[45]. A performance-*energeia* é, então, linguística quanto ao ato de fala, linguageira quanto ao ato de língua e interpretativa quanto ao ato de tradução. A *energeia*, que permite compreender conjuntamente esses três níveis, funciona como, é o que mantenho de mais

---

43. Wilhelm von Humboldt. "Introdução a *Agamêmnon*". Trad. Susana Kampff Lages, em *Cadernos de Tradução*, v. 1. Florianópolis: UFSC, 2010, pp. 105-17 (este trecho na p. 117) [= *Einleitung zu* Agamemnon, *Æschylos* Agamemnon *metrisch übersetzt*, GS VIII, pp. 129-38]. Texto de 1816.

44. Wilhelm von Humboldt. *Introduction à l'œuvre sur le kavi*. Trad. Pierre Caussat. Paris: Seuil, 1974, p. 183.

45. *Ibid.*, p. 184.

promissor, a articulação não dialética do singular e do particular no geral e no universal: ela é o próprio operador do relativismo, que permite complicar o universal. A "reticência" de Humboldt para cindir o subjetivo e o objetivo, o individual e o geral, faz dele, aos meus olhos, o padroeiro dos tradutores, por motivo diferente daquele de São Jerônimo.

Gostaria de evocar, sobre esse pano de fundo, de maneira necessariamente também bastante subjetiva, o modo como utilizei Humboldt no *Dicionário dos intraduzíveis*, para pensar, fabricar e pôr em prática este livro. De fato, algumas frases de Humboldt me serviram de sésamo[46].

Benveniste, para mim, cumpriu o papel de modelo para trabalhar uma modalidade da comparação que não se confunde com um comparatismo justificadamente suspeito e que deriva, como o próprio *Vocabulário das instituições indo-europeias*, de um uso não original e não originante da etimologia. Mesmo que a noção de indo--europeu seja, agora, menos ingênua, até mesmo esvaziada enquanto ficção instrumentalizável ideologicamente, a linguística de Benveniste, que faz uso dela, permanece infinitamente instruída e pouco dogmática. Cheia de achados precisos, ela não se vincula a qualquer apologia da origem, mas lida com linhas causais falsificáveis derivadas de ordens científicas distintas. No entanto, no meu modo de ver, é Humboldt que oferece o melhor paradigma para se pensar a diversidade das línguas e a passagem de uma língua à outra – a tradução, portanto –, quando não queremos ser, ou melhor, quando queremos não ser heideggerianos. Por isso é tão perturbador para mim, que tive uma maioria de amas-secas heideggerianas, como muitos filósofos franceses da minha geração, ver o

---

46. Referência à expressão mágica "abre-te, sésamo". [N. dos T.]

uso que Heidegger faz de Humboldt em *A caminho da linguagem* – voltarei a falar sobre isso. É verdade que tive a felicidade de encontrar, bem cedo, amas anti-heideggerianas, como Jean Bollack e Heinz Wismann, que foram, na verdade, graças aos seus trabalhos filológicos propriamente ditos, amas a-heideggerianas. A distinção entre essas duas modalidades da negação não é inconsequente: um contratorpedeiro (um anti-heideggeriano) é primeiro e antes de tudo um torpedeiro – aliás, essa é uma frase de Jean Beaufret! –, mas um filólogo, à diferença de um filósofo e, sobretudo, de um grande filósofo, é a-heideggeriano na medida em que ele não sabe o que procura nem, com frequência, o que encontra; ele simplesmente dá prosseguimento a seu trabalho e a sua obra de decodificação, *energei*.

O *Agamêmnon* de Ésquilo ou sobre a *paideia*

As frases de Humboldt que, no meu modo de ver, desenharam o *Dicionário*, encontram-se na parte central da introdução de 1816 à tradução do *Agamêmnon* de Ésquilo. O que se segue é simplesmente um comentário livre sobre elas.

Escreve Humboldt: "Por sua natureza singular e num sentido diverso do que se possa dizer de qualquer obra de grande originalidade, tal poema é intraduzível."[47] Humboldt começa, então, qualificando essa tragédia como "intraduzível" e, em seguida, a traduz... Ela é intraduzível, certo, mas é possível dizer tudo em todas as línguas, então também é possível traduzir essa obra,

---

47. Wilhelm von Humboldt. "Introdução a *Agamêmnon*", *op. cit.*, p. 105.

ela simplesmente continua por (re)traduzir. Conveniência desta definição do intraduzível: não o que não se traduz, mas o que não se cessa de (não) traduzir, pois ela conduz ao sentido da dessacralização e afasta de todos os oxímoros (só se traduz o intraduzível, só se perdoa o imperdoável) que arriscam, em um momento ou outro, transformar Jankélévitch, Derrida ou Levinas em Heidegger. Assim, seria preciso conseguir convencer os professores, inspetores, ministros e editores de que a tradução se situa no coração das humanidades, de que se experimenta a tradução graças aos bilíngues e de que não existe uma tradução, mas uma pluralidade de traduções.

Gostaria de saudar, aqui, a inteligência de meu pai. Ele gostava muito, e conhecia também um pouco, de grego, que tinha ensinado quando trabalhava numa mercearia em Navarrenx, em Bearne, atrás da linha de demarcação. Ele fazia algo como uma sala de aula para os filhos de refugiados judeus, acolhidos ali por Paul Reinach, filho de Théodore Reinach, que construiu a Villa Kerylos[48]. Quando comecei o grego na escola e chegava a hora de traduzir algum texto, ele pegava o carro e ia de livraria em livraria para conseguir pelo menos uma tradução. Então podíamos trabalhar: medir a diferença entre o grego e o francês e retraduzir, para que não suspeitassem de que tínhamos trapaceado, introduzindo outras diferenças, bem calculadas, entre o original e a tradução patenteada, para fazer melhor sem cair, ou quase sem cair, no contrassenso nem no falso senso. Nada além de alegria ao trabalhar assim entre as línguas e suas palavras e regras – grego sem lágrimas, para retomar o título de um livro

---

48. Um palacete em estilo grego antigo, construído em 1900, situado em Beaulieu-sur-Mer, com um piano dissimulado pela espessura da parede (*Plēielos epoiēsen*, "foi Pleyel que o fez").

de Salomon Reinach, irmão de Théodore[49]. Humboldt toma o cuidado de sublinhar que se aprende mais sobre uma obra com várias traduções do que com uma, do mesmo modo que se aprende mais sobre uma língua, e mais sobre sua própria língua, com várias línguas do que com uma – é preciso saber várias línguas para compreender que é uma língua que se fala, uma língua entre outras, mesmo que ela seja para você mais "materna", própria ou nacional do que as outras.

Dessa maneira, estão em jogo na tradução três níveis de cultura, ou de *Bildung*, uma dentro da outra. Uma cultura que oferece formas de arte que, sem isso, permaneceriam desconhecidas, *paideia* numa escala individual. Uma cultura que amplia as capacidades de sua própria língua, *paideia* numa escala linguística. Enfim, uma cultura numa escala de algo como o povo ou a nação, a mesma que fez Humboldt sentir a "obrigação" de traduzir o *Agamêmnon*: "a tradução, sobretudo a dos poetas, é uma das tarefas mais necessárias dentro de uma literatura"[50]. Toda essa rede é que determina a tarefa do tradutor que Benjamin revisita.

Humboldt ainda especifica que há várias maneiras de uma obra ser "intraduzível". Ela pode, como "qualquer obra de grande originalidade", e que por isso é parte constitutiva de uma língua e de uma cultura, ser difícil de se transplantar em uma outra: como conservar e devolver a força de uma obra fora de seu solo? Mas ela também pode ser intraduzível "num sentido bem diferente". Qual? Muito simples: na medida em que se trata desta

---

[49]. Salomon Reinach. *Eulalie ou le Grec sans larmes*. Paris: Hachette, 1911.

[50]. Wilhelm von Humboldt, "Introdução a *Agamêmnon*", *op. cit.*, p. 107.

obra, e não de outra, o *Agamêmnon* de Ésquilo, certa tragédia grega, singular. Humboldt a descreveu um pouco mais adiante:

> As obscuridades que algumas vezes encontramos nos escritos dos antigos, e que em *Agamêmnon* se encontram particularmente presentes, provêm da concisão e da ousadia [*aus der Kürze und der Kühnheit*] com que, desprezando proposições coordenativas, são alinhados lado a lado pensamentos, imagens, sentimentos, lembranças e pressentimentos, assim como eles se originam de um ânimo profundamente comovido.[51]

Percebo nisso uma analogia para a Antiguidade com aquilo que Char disse de Rimbaud para a modernidade: "Sua data incendiária é a rapidez."[52] Como se trata de traduzir um texto, e não uma língua, o ritmo é decisivo. Em *Æschylos* Agamemnon *metrisch übersetzt*, é o *metrisch übersetzt* que eu destacaria. "Dediquei o maior cuidado possível", escreve Humboldt, "ao aspecto métrico de meu trabalho, sobretudo à pureza e à correção métricas, já que são elas o fundamento de toda e qualquer outra beleza e creio que nisso nenhum tradutor pode jamais fazer o bastante."[53]

Isso é particularmente muito correto para o *Agamêmnon*, mas é correto no mais elevado grau para qualquer um dos textos gregos: "Os Gregos são o único povo de

---

51. *Ibid.*, p. 113. Humboldt prossegue: "Logo que penetramos na atmosfera do poeta, de sua época e dos personagens apresentados, pouco a pouco desaparece a obscuridade e em seu lugar entra uma suprema clareza."

52. René Char. *Œuvres complètes*. Paris: Gallimard, 1983, p. 733 (Col. "Bibliothèque de la Pléiade").

53. Wilhelm von Humboldt, "Introdução a *Agamêmnon*", *op. cit.*, p. 115, bem como a próxima citação.

que temos notícia a quem tal ritmo era próprio, e isto é, a meu ver, aquilo que os distingue e caracteriza principalmente." Trata-se de uma visão sobre a organização geral da língua, que eu caracterizaria como um atomismo bem compreendido: uma verdadeira física do discurso, análoga àquela que Górgias desenvolve em *Elogio de Helena* quando, com as próprias palavras que caracterizam o átomo de Demócrito, faz o elogio do *logos* que, "com o menor e mais inaparente dos corpos, performa os atos mais divinos"[54]. Humboldt traça o elo entre essa discursividade ritmada e o destino intelectual da Grécia – é isso, muito provavelmente, que um aristotélico chamaria "gorgianizar", mas com desprezo, e não com a admiração de um Filóstrato.

> Mas a mim sempre pareceu que sobretudo o modo como, na língua, as letras se combinam em sílabas, as silabas em palavras e como essas palavras estão no discurso em uma relação de tempo e de som define e caracteriza o destino intelectual das nações, e até mesmo, em não menor escala, seu destino moral e político.[55]

Estranheza e estrangeiro

Atenta às ambiguidades e ao ritmo – que, para sermos rápidos, poderíamos dispor sob a noção de significante, ligada a este "corpo verbal intraduzível", com o qual ela não cessa de se preocupar, mesmo que ela só possa "deixar cair" –, a tradução tem por condição o amor da obra. "[...] toda boa tradução", diz Humboldt, "deve partir do simples e despretensioso amor pelo ori-

---

54. Górgias. *Elogio de Helena*, § 8.
55. Wilhelm von Humboldt, "Introdução a *Agamêmnon*", *op. cit.*, pp. 115-7.

ginal"⁵⁶. Então a questão é: até onde e como ser "fiel" no amor? O que chega aqui em resposta é um modelo incrivelmente preciso da relação com o outro:

> Sem dúvida, a essa visão se liga necessariamente o fato de que a tradução assume certo colorido estranho, mas é muito fácil estabelecer o limite a partir do qual ele se torna um erro inequívoco. Na medida em que faz sentir o estrangeiro em vez da estranheza [*nicht die Fremdheit sondern das Fremde*], a tradução alcançou suas mais altas finalidades.⁵⁷

Há, assim, um *metron*, uma justa medida do amor. O amor, em tradução, e talvez isso seja verdade em qualquer amor, situa-se entre duas falhas: não estrangeiro o bastante e estrangeiro demais. Não estrangeiro o bastante, até mesmo nada estrangeiro: pede-se ao tradutor para "escrever como o autor original teria escrito na língua do tradutor". Mas, aponta Humboldt, "destrói-se toda tradução e toda sua utilidade para a língua e a nação" — as traduções *standard* francesas têm essa falha "acadêmica" com frequência. Trata-se de "comunicar", de "disponibilizar" uma obra, mas não uma língua nem uma obra em língua, e podemos compreender por que um Jean Bollack, cujo francês se inventava, fluido e rouco tanto quanto necessário, para dar voz ao que a obra em grego literalmente dizia, exatamente como o dizia, nunca pôde-soube-quis ser um Guillaume Budé⁵⁸.

---

56. *Ibid.*, p. 111.
57. *Ibid.*, bem como a citação seguinte [tradução levemente modificada (N. dos T.)].
58. Refiro-me às traduções que Bollack fez dos Trágicos, por exemplo. Em particular, as de Eurípides, feitas com Mayotte Bollack (*Andrômaca*, *Helena*, *Antígona* e *As Bacantes*. Paris: Minuit, 1994, 1997, 1999,

Pois há uma segunda falha: estrangeiro demais, e isso é a "estranheza"; ora, a estranheza mata o estrangeiro. "Entretanto, no momento em que aparece a estranheza em si, talvez até mesmo obscurecendo o estrangeiro, o tradutor revela não estar à altura de seu original", continua Humboldt. Há apenas uma não língua de chegada, que proíbe qualquer aproximação e represa o desejo.

A questão, no entanto, está sempre posta: quem julga? A resposta de Humboldt é de um belíssimo otimismo: "A sensibilidade do leitor não prevenido percebe aqui a verdadeira linha de demarcação."[59] Nisso ele é mais confiante que Schleiermacher, que desenvolve a mesma problemática na sua conferência de 1813, quando busca contrastar as duas únicas maneiras de traduzir: ou bem o tradutor "deixa o escritor o mais tranquilo possível", ou bem "deixa o mais tranquilo possível o leitor"[60]. É preciso coragem para escolher a boa, a primeira, pois qual tradutor aceitará de bom grado "que [...] os mestres lhe dediquem

---

2004) e, como explicitação dessa filologia da tradução, em *La Grèce de personne*. Paris: Seuil, 1997.

59. *Ibid.*, p. 111. Para apresentar minhas dúvidas em termos contemporâneos, diria que a comunidade autores-leitores, e o equilíbrio sagaz que ela permite esperar, revive hoje com a Web de maneira pavorosa. "Vocês são a Web", dizem Brin e Page, os fundadores do Google, ao mundo inteiro de conectados. Essa autorregulação, que o otimismo humboldtiano postula como boa, não deixa de remeter à autorregulação que a doutrina liberal empresta ao capitalismo: os efeitos perversos vão se anular amanhã como devem, só resta seguir sempre em frente, como Descartes aconselha fazer para sair da floresta. Mas a autorregulação da Web e o quanto o Google deve ao fisco não parecem considerações alienígenas uma à outra – não mais que o nível de dívida tolerável, para si/para outro, e o índice de recuperação. É preciso continuar a acreditar ou distinguir entre a boa e a má-fé?

60. Friedrich Schleiermacher. *Über die verschiedenen Methoden des Übersetzens/Sobre os diferentes métodos de tradução*. Trad. de Celso R. Braida, em *Clássicos da teoria da tradução. Antologia bilíngue*, v. 1, *op. cit.*, p. 57.

o sorriso mais compassivo e digam que não entenderiam seu trabalhoso e precipitado alemão sem recorrer ao latim e ao grego"[61]? Schleiermacher evoca assim a "finíssima raia" – o *metron* –, mas que cada qual traça "de maneira muito distinta", que o tradutor deve respeitar "ao esforçar-se por manter o tom exótico da língua". E ele esclarece – a singularidade da obra obriga – que, na "difícil tarefa de querer refletir o estrangeiro [*das Fremde*] na língua materna", "não se alcança esse fim simplesmente soprando o hálito estrangeiro sobre o leitor", pois ainda é necessário que este último sinta "uma determinada estranheza [*es muss ihm nach etwas bestimmtem anderm klingen*]"[62]. Mas como estar seguro de que o sentimento do leitor, mesmo "cultivado", possa servir de pedra de toque e baste para dar fé como aquele do tradutor considerado como um autor – a não ser que se pense que o leitor é, tal como o autor e o tradutor, um ator da língua, e que seja preciso dizer de todos eles: "Ele é o órgão dela e ela o dele"?

O amor da língua?

O amor é amor da língua. Até onde ir longe demais no amor? Podemos, e até mesmo precisamos, violentar a língua, mas é preciso fazer isso no sentido da língua. Tal é a experiência, apaixonadamente descrita, de um Jacques Derrida:

> […] assim como gosto da vida, e da minha vida, gosto daquilo que me constituiu, cujo elemento próprio é a língua, esta língua francesa, que é a única língua que me

---

61. *Ibid.*, p. 71, bem como a citação seguinte.
62. *Ibid.*, p. 72, adaptada.

ensinaram a cultivar, a única também da qual posso me dizer mais ou menos responsável. Eis por que em minha escrita há um modo, não diria perverso, mas um pouco violento, de tratar esta língua. Por amor. O amor em geral passa pelo amor da língua, que não é nem nacionalista nem conservador, mas que exige provas. E provações. Não se faz qualquer coisa com a língua, ela nos preexiste, ela sobrevive a nós. Se afetamos a língua de alguma forma, é preciso fazê-lo com refinamento, respeitando no irrespeito a sua lei secreta. É isso, a fidelidade infiel: quando violento a língua francesa, o faço com o respeito refinado do que acredito ser uma injunção desta língua, em sua vida, em sua evolução.[63]

O amor da língua como modelo e passagem obrigatória? Talvez o que está em jogo também, para Derrida, seja o que ele denomina algumas vezes "o lado mulher de mim mesmo". De minha parte, de fato, é enquanto mulher que eu sustentaria que, com as palavras, o que está em jogo é o amor. Em lacaniano, isso remete à maneira pela qual *"isso barra"* o lado mulher, distinto do lado homem: com ela, trata-se "de uma *outra satisfação*, a satisfação da fala"[64]. Tem a ver com o amor, porque o amor precisa se dizer, sendo a política e o amor os dois domínios, por excelência, da performance discursiva: de "La majorité c'est vous"[65] ao "Eu-te-amo"[66] de Roland Barthes, dizer é verdadeiramente fazer, mesmo que ainda esteja por fazer. Mas também

---

63. Jacques Derrida. *Apprendre à vivre enfin. Entretien avec Jean Birnbaum*. Paris: Galilée/Le Monde, 2005, pp. 37-9.

64. Jacques Lacan. *O seminário. Livro 20. Mais, ainda, op. cit.*, p. 87. Ver as análises de *Jacques, o sofista, op. cit.*, em particular pp. 225-38.

65. Em português: "A maioria é você". Referência a uma fotografia de René Maltête (1930-2000). [N. dos T.]

66. Em *Fragmentos de um discurso amoroso*. Trad. Márcia Valéria de Aguiar. São Paulo: Martins Fontes, p. 173. [N. dos T.]

tem a ver com o amor, sobretudo, porque o respeito da língua enquanto língua é, para quem a pratica, necessariamente pleno desta *energeia* produtiva *à la* Schleiermacher e *à la* Humboldt (sim, "ela é o órgão dele e ele, o dela"), em suma, uma soma bastante próxima da felicidade.

Amar o próximo como a si mesmo? A si mesmo enquanto outro? Para dizer a verdade, prefiro o amor que chega com o espanto e a surpresa, pela diferença consigo mesmo e com o que se sabe de si, até na arte e nas ações, até na vida. É esse amor do estrangeiro, sem referência a si mesmo – contanto que se consiga livrar-se por um instante da dialética, arma polivalente da filosofia –, que ensina a respeitar por muito tempo este ou aquele que não é si mesmo, este ou aquele do qual se compreende um pouco mas não tudo, e que permite inventar e se reinventar. Tal é, para mim, o amor da língua, a "minha", ao menos tão desconhecida e surpreendente quanto conhecida e apropriável. Tal é, com toda a certeza, o amor da diversidade das línguas, situada entre aquilo que pratico e aquilo que me falta, de que eu apenas suspeito. Pois o amor de minha língua só o é para mim pelo meu desejo das outras línguas: "mais de uma língua".

Um panteão, não uma igreja

Não gostaria de me deter apenas na primeira frase da parte central da "Introdução" de Humboldt, mesmo que ela contenha a palavra-chave "intraduzível", pois, para dizer a verdade, foi a sequência imediata que me abalou por um longo tempo, determinando até a capa do *Dicionário dos intraduzíveis* com suas "palavras-nuvens".

Permitam-me uma citação um pouco mais extensa:

Por sua natureza singular, e num sentido diverso do que se possa dizer de qualquer obra de grande originalidade, tal poema é intraduzível. Análise e experiência confirmam aquilo que já se observou mais de uma vez: que, abstraindo das expressões que designam apenas objetos físicos, nenhuma palavra de uma língua é perfeitamente igual a uma de outra. Diferentes línguas são, desse ponto de vista, somente outras tantas sinonímias: cada uma delas exprime o conceito de modo um pouco diferente, com esta ou aquela determinação secundária, um degrau mais alto ou mais baixo na escala das sensações. Tal sinonímica das principais línguas, ainda que limitada ao grego, latim e alemão (o que aliás seria sobremaneira desejável), ainda não foi tentada, mesmo que se encontrem em muitos escritores fragmentos de algo assim; mas submetida a um tratamento inteligente, tal sinonímica se converteria em obra das mais atraentes. Em tão pouca medida é a palavra signo do conceito que o conceito sem o signo não pode se originar, e muito menos se fixar. A ação indefinida da energia mental concentra-se numa palavra como o adensar de leves nuvens num céu sereno. Ora, ela é um ser individual, com forma e caráter definidos, com uma força que age sobre o ânimo e não desprovida de capacidade para se reproduzir.[67]

O princípio sobre o qual repousa o presente livro é uma constatação empírica com valor de experiência ontológica: o que se encontra não é a unidade da linguagem, mas a diversidade das línguas, *Verschiedenheit*. "A linguagem se manifesta na realidade unicamente enquanto diversidade"[68]: eis a palavra-chave recolocada em seu contexto técnico-poético.

---

67. Wilhelm von Humboldt. "Introdução a *Agamêmnon*", *op. cit.*, p. 105, modificada.
68. Wilhelm von Humboldt. *Über die Verschiedenheit...*, *op. cit.*, p. 240; ver acima, p. 20 s.

Ora, a diversidade se define enquanto não sobreponibilidade: "[...] nenhuma palavra de uma língua é perfeitamente igual a uma de outra." Constatação largamente partilhada na época do "romantismo alemão", que coincide com a de Schleiermacher, por exemplo:

> Aqui [em filosofia autêntica], mais que em nenhum outro domínio, cada língua contém, apesar das diversas opiniões coexistentes ou sucessivas, *um* sistema de conceitos, que, precisamente porque se tocam, unem e completam na mesma língua, constituem *um* todo a cujas distintas partes não corresponde nenhuma do sistema de outras línguas, exceto Deus e ser, o substantivo e o verbo primitivos. Pois, até o simplesmente universal, apesar de encontrar-se fora do domínio da particularidade, é iluminado e colorido por ela.[69]

O que é exceção para Schleiermacher reforça o elo "humboldtiano" semântica-sintaxe: "exceto Deus e ser, o substantivo e o verbo primitivos". Mas, diferentemente de Humboldt, ao menos em nossa passagem, Schleiermacher parte de uma concepção da língua como "sistema de conceitos": o absolutamente universal – algo como a linguagem, então – que é "iluminado e colorido" pela língua.

O que é exceção para Humboldt, ao contrário, são os "objetos físicos", as coisas sensíveis, que são independentes das palavras usadas para dizê-las. No entanto, no final das contas, essa exceção resiste bastante mal ao movimento geral da diversidade. Pois as coisas, por mais tangíveis e "universais" que sejam, são ditas. Humboldt parte das "palavras" em línguas, que exprimem de modo

---

69. Friedrich Schleiermacher, *Sobre os diferentes métodos de tradução*, op. cit., pp. 89-91. Essa frase me serviu de epígrafe para o conjunto da coleção "Points bilingues" (Seuil, depois Fayard).

diferente o conceito. As conotações, os sentimentos, fazem com que os sinônimos não o sejam realmente: palavras que não são as mesmas dizem somente "quase" a mesma coisa. A sinonímica das línguas é uma falsa sinonímia, ou uma sinonímia incompleta se nos atermos ao cânone da sinonímia (uma palavra diferente, mas única e mesma definição[70]). É por isso que, como fará Benjamin acerca de *"Brot"*, que não é "pão" pois "o modo de visar" não é o mesmo[71], Humboldt já afirma em *Latium und Hellas* que "mesmo no caso de objetos puramente sensíveis, os termos empregados por línguas diferentes estão longe de serem verdadeiros sinônimos, e [...] pronunciando *hippos, equus* ou *cavalo*, não se diz exatamente a mesma coisa"[72]. Em outras palavras, as línguas são visões do mundo em interação determinante não apenas com uma cultura, mas com algo como a "natureza".

No cerne dessa diversidade humboldtiana das línguas não há hierarquia. Jürgen Trabant às vezes evoca a surpresa um pouco desdenhosa de um Chateaubriand, conviva de Humboldt, admirando-se com o fato de que a filha de seu anfitrião quase conseguia solicitar o sal em sânscrito, e que Humboldt, quando se sentia entediado, estudava até mesmo os "miseráveis patoás". É que o kawi e o basco, tal como as línguas sem literatura, são singularidades geniais, *oddities*, e classificar o excepcional é algo rico em ensinamentos, quer se trate de línguas, com Wilhelm, ou de orquídeas e de borboletas, com Alexander[73].

---

70. Ver o artigo "Homonímia" no *Dicionário*, *op. cit.*

71. Walter Benjamin, "A tarefa do tradutor", em *Escritos sobre mito e linguagem (1915-1921)*, *op. cit.*, p. 109.

72. Wilhelm von Humboldt. *Latium und Hellas* [1806], citado por Pierre Caussat, "Introduction du traducteur", em *Introduction à l'œuvre sur le kavi*, *op. cit.*, p. 22.

73. Irmão de Wilhelm H., Alexander Humboldt foi um célebre naturalista. [N. dos T.]

As línguas são como os deuses gregos: formam um panteão, não uma igreja. Embora o grego e o alemão sejam geniais "de outra maneira", as grandes línguas clássicas não são para Humboldt o que elas são para Heidegger, superiores. Elas não são, não mais que as outras, "línguas do ser", no topo de uma hierarquia e suscetíveis de algum nacionalismo ontológico. Acredito que seja importante, como antídoto contra todos os fundamentalismos, fazer uso do paganismo. A definição de pagão, que me chega pela prática dos textos homéricos, parecerá talvez sumária para um historiador da religião: pagão é o homem para quem alguém que apareça diante de si pode ser um deus. Essa definição apresenta, no entanto, toda uma visão do mundo, um *kosmos* permeável no qual poesia e metáfora são a norma – Ulisses é um leão das montanhas, Nausícaa, o jovem broto de uma palmeira, e sobre os dois, entre outros, não cessamos de nos perguntar: homem ou deus, mulher ou deusa[74]? Poder acreditar que o outro é um deus, supor que todas as línguas se equivalem são maneiras bastante seguras de fabricar o respeito.

O árduo problema do gênio das línguas

Temos aí uma maneira poderosa de complicar o universal. Humboldt gosta de evocar a ideia de que possa haver tantas línguas quanto humanos que habitam a terra, uma hiper-Babel radical, sem Pentecostes. Ou melhor, sem outra Pentecostes além da tradução. Quando se lê de perto o texto bíblico, conclui-se que o Pentecostes sublinha não que os apóstolos falam em línguas, mas que seus

---

74. Vou me permitir a remissão ao meu artigo "dieux, Dieu", em *Critique*: Dieu, Paris, t. LXII, n. 704-705, jan.-fev. 2006, pp. 7-18.

ouvintes entendem apenas sua própria língua, qualquer que seja a língua na qual os apóstolos se dirijam a eles. "Cada qual os ouvia falar em seu próprio idioma. Estupefatos e surpresos, diziam: 'Não são, acaso, galileus todos esses que falam? Como é, pois, que os ouvimos falar, cada um de nós, no próprio idioma em que nascemos?'"[75] Como se as "línguas de fogo", o Espírito Santo, designassem precisamente o "entre", a própria operação de tradução, nesse contexto, uma operação verdadeiramente divina que transforma uma língua desconhecida em língua conhecida. Tiro disso, mais uma vez, a ideia de que não há ponto de vista de todos os pontos de vista, nenhum Deus leibniziano que, se cada língua é uma visão do mundo, deteria a visão *tota simul* de todas as visões. Se Deus há, é muito mais um Deus tradutor. Esse infinito aberto e não totalizante, *pan* e não *holon*, eis, acho, o que impede toda nacionalização, ou racialização, do pensamento de Humboldt. Trata-se sempre de movimento, de desessencialização, de *energeia*. Melhor para, para nós também.

É o momento de retomar a interpretação que Heidegger propôs para Humboldt. Pois Heidegger, em "O caminho para a linguagem", aponta também a *energeia* como chave de interpretação e, para dizer a verdade, ele cita todas as frases que citei, ou que eu deveria ter citado. Porém ele as trabalha apenas "na perspectiva de como elas determinam *o caminho para a linguagem* de Humboldt"[76]. Heidegger tem Humboldt em grande conside-

---

75. Atos dos Apóstolos, 2, 6-8, tradução da *Bíblia de Jerusalém*. São Paulo: Paulus, 2014.
76. Martim Heidegger. "O caminho para a linguagem", em *O caminho da linguagem*. Trad. Márcia Sá Cavalcante Schuback. Rio de Janeiro: Vozes, 2003, p. 196.

ração, e, para ele, o ensaio publicado sob os cuidados do irmão, Alexander, em 1836, *Sobre a diversidade*..., "vem determinando, de forma implícita ou explícita, quer se concorde com ele ou não, toda a ciência linguística e a filosofia da linguagem posteriores"[77]. Mas Humboldt, continua Heidegger, "traz para a linguagem a linguagem [é a tradução escolhida para *die Sprache*][78], como *um* modo e *uma* forma de visão de mundo, elaborada pela subjetividade humana"[79]. Em outras palavras, segundo Heidegger, qualquer que seja para ele a importância determinante de Humboldt, sua perspectiva não dá a ver "a essência própria da linguagem". Humboldt não acede à famosa tautologia revisitada pelo pensamento do Ser, transformada em palavra de ordem para o heideggerianismo, segundo a qual "a fala fala". É por isso que ele foi e permaneceu linguista, e não pensador. Humboldt ficou preso "na linguagem da metafísica de seu tempo", a saber, aquela na qual "a filosofia de Leibniz ocupa um lugar paradigmático". Ora, esse lugar paradigmático, apontado por Heidegger, é exatamente o da *energeia*. Porém a interpretação de Heidegger da *energeia* humboldtiana é leibniziana, e não grega, pois Heidegger já compreende a interpretação leibniziana da *energeia* de uma maneira claramente não grega. "A linguagem da metafísica de seu tempo", segue Heidegger, é a linguagem da subjetivação e não aquela do Ser: "Humboldt define a essência da linguagem como *energeia*, tomada não em sentido

---

77. *Idem.*
78. O termo escolhido pelo tradutor francês foi "fala": "*amène à la parole la parole* [...]". [N. dos T.]
79. *Ibid.*, p. 198, bem como todas as citações seguintes [com leves adaptações (N. dos T.)].

grego, mas naquele da *Monadologia* de Leibniz, que a entende como atividade do sujeito".

Estamos presos aqui numa gigantomaquia da mesma ordem que aquela do *Sofista* de Platão, evocado logo no início de *Ser e Tempo*, e seria preciso se armar com mais esmero do que faço agora para tomar parte nesse combate, partindo das próprias frases de Leibniz e de Aristóteles, daquilo que nos agrada ouvir nelas e daquilo que elas nos permitem compreender. Seria necessário um trabalho pesado de história da filosofia, esclarecido por Heidegger, mas distanciado em relação a ele, para sustentar que a *energeia* aristotélica é precisamente o que Humboldt tem em vista quando fala da maneira como o ato de fala, e também a língua, e também a tradução são *energeiai*. Em particular, seria necessário primeiro concentrar-me em combater as similaridades de apropriação e dar continuidade à reflexão instaurada a respeito de Aristóteles em *Nos Grecs et leurs modernes* [Nossos gregos e seus modernos][80]. Pois Heidegger começa se apropriando do *Monólogo* de Novalis e da duplicação da "logologia" antes de se desapegar dela em favor da autêntica duplicação de "a fala fala". Do mesmo modo, ele começa se apropriando de Humboldt e da *energeia* da língua para dela se desapegar em seguida, reduzindo-a a uma subjetivação do pensamento do ser. Recusando a autenticidade heideggeriana, recuso ao mesmo tempo a primeira similaridade entre Novalis e Humboldt com ou em Heidegger, e o segundo movimento que os deixa confinados numa modernidade insuficiente. De fato, eu defenderia que a *energeia* da qual se trata, na obra de Humboldt como no *Dicionário dos intraduzíveis*, está bem próxima daquela que

---

80. *Nos Grecs et leurs modernes. Les stratégies contemporaines d'appropriation de l'Antiquité*, org. Barbara Cassin. Paris: Seuil, 1992.

Aristóteles tematiza quando a opõe ao *ergon*, como o verbo ao substantivo, como o ato ao produto, como a performance ao resultado. *Energeia*, em todos os sentidos do termo, é o gesto humboldtiano concretizado de maneira fugaz no *Dicionário dos intraduzíveis* e, mais ainda, em suas traduções/adaptações[81]. Em todo caso, é essa *energeia*, performance linguageira hoje revisitada por Austin, que permite que o filósofo linguista antropólogo se libere da preocupação do pensador e que prefira à autenticidade e ao desvelamento da *alētheia* a "equivocidade vacilante do mundo"[82]. O canteiro filosófico está aberto, e gosto de pensar que a tradução pode servir como modelo de *savoir-faire* com as diferenças.

Antropologia e filosofia: o "relativismo linguístico"

Resta uma questão pesada: com esta atenção voltada às diferenças, com esta preocupação sobre o que pode e quer uma língua em dado momento, fazendo de cada língua algo como um sujeito, nós também não estamos fazendo, linguística e linguageiramente, o jogo dos nacionalismos? Como ultrapassamos, como contornamos, talvez, o árduo problema do gênio das línguas e o enraizamento identitário de tipo heideggeriano?

De fato, em boa logologia relativista, o universo, que chamamos "mundo" por parte do objeto e "razão" por parte do sujeito, existe menos como origem ou como certeza de verdade do que como princípio regulador, segundo um julgamento que se pode dizer, em termos kantianos, mais reflexivo que determinante. E isso não vale somen-

---

81. Ver cap. 1.
82. Hannah Arendt. *Journal de pensée, op. cit.*, v. I, p. 57; ver acima p. 100 s.

te para *a* linguagem, o *logos*, mas para a própria diversidade das línguas. O pensamento, mesmo o mundo não dependem somente da linguagem de modo geral, mas ambos dependem, até certo ponto (qual?), de cada língua singular.

Estamos aqui lutando com um relativismo linguístico fácil de conceber de forma caricata sob o nome de "hipótese Sapir-Whorf"[83]. Esta hipótese de antropólogos-linguistas, para a qual é difícil encontrar um enunciado literal, situa-se na linha das pesquisas de Humboldt e, mais diretamente, de Franz Boas[84]. Ela tem como pano de fundo áreas constituídas por línguas e culturas diversas das indo-europeias, digamos: surpreendentes, para pensar a relação entre língua e cultura – não mais o basco e o kawi, mas línguas ameríndias e esquimós, o wihram, o taquelma, o paiúte, o nootka, o atabascano, o tlingit, o hopi, o inuíte... A caricatura que se faz delas, apressada demais e com muita frequência, deve-se ao fato de que a

---

83. Edward Sapir. *Selected Writings in Language, Culture and Personality* [1930]. Jackson: University of California Press, 1985 (*Anthropologie*, 1. *Culture et Personnalité*; 2. *Culture*. Trad. C. Baudelot e P. Clinquart. Paris: Minuit, 1967) [*A linguagem: introdução ao estudo da fala*. Trad. Mattoso Câmara Jr., Rio de Janeiro: Instituto Nacional do Livro, 1954; *Cultura e personalidade*. Trad. Maria Luiza X. de A. Borges. Rio de Janeiro: Zahar, 2015], e Benjamin Lee Whorf. *Language, Thought and Reality, Selected Writings*. 2. ed. Cambridge: MIT Press, 1964 (*Linguistique et anthropologie*. Trad. C. Came. Paris: Denoël, 1969). Recomendo o artigo "Hypothèse de Sapir-Whorf", em construção na Wikipedia – ainda mais interessante por ter sido criticado (em 8 de setembro de 2016) por não estar "redigido num estilo enciclopédico".

84. Sobre a importância de Boas, judeu alemão fundador da antropologia americana, que desenvolve por uma dinâmica da contaminação a identidade nacional ligada à língua e recoloca em questão o modelo indo-europeu, insistindo na hibridação, ver Michel Espagne. "La question des imbrications culturelles", em *Revue germanique internationale*, Paris, 17, 2002, pp. 147-60. Disponível em: http://rgi.revues.org/892.

versão forte da hipótese é insustentável: cada língua é uma prisão; e que sua versão fraca é indiscutível: as línguas são cartografias diferentes do real. Tanto é assim que Steven Pinker tem razão quando diz que ela funciona como uma "lenda urbana"[85].

Não é difícil matar um antropólogo em nome da antropologia. Foi o que fez Pinker ao retomar o exemplo da neve e "a grande farsa do vocabulário esquimó" – um povo que, parece que está comprovado, não tem mais palavras, aliás, tem até menos para designar a neve do que os anglófonos[86]. Então, Whorf será um antropo-linguista de opereta: "Em primeiro lugar, Whorf na verdade nunca estudou nenhum apache; ninguém sabe se ele algum dia viu algum"[87]. Mas o que Pinker propõe então no lugar? O "mentalês", herdeiro do *mentalese* de Fodor; "As pessoas não pensam em português ou chinês ou apache; pensam em uma língua do pensamento"[88]. Trata-se de um "quase-português simplificado e comentado", de um "quase-apache simplificado e comentado": "Mas para que essas línguas do pensamento sirvam ao raciocínio de modo adequado, elas teriam que se parecer muito mais umas com as outras do que seus equivalentes falados, e tudo leva a crer que elas não sejam diferentes umas das outras: um *mentalês universal*."[89] Não consigo

---

85. Steve Pinker. *O instinto da linguagem*: como a mente cria a linguagem. Trad. Claudia Berliner. São Paulo: Martins Fontes, 2004, pp. 65-71, adaptada.
86. *Ibid.*, p. 70 s.
87. *Ibid.*, p. 66.
88. *Ibid.*, p. 93.
89. *Ibid.*, p. 93 (grifo meu). Por comparação com as "verdadeiras" línguas, o mentalês "deve ser mais rico, por exemplo, porque vários símbolos conceituais devem corresponder a determinada palavra do idioma falado, como *stool* ou *stud* [...]. Deve haver uma parafernália ex-

deixar de ver no mentalês um universal de opereta. Felizmente para nós, "há de se perdoar as pessoas por sobrestimarem a linguagem"[90].

Mas não será surpresa que a antropologia e a etnologia participativa venham em socorro do relativismo. É, talvez, um dos momentos inventivos mais convincentes atualmente, que seria necessário articular finamente em torno dos grandes cabeças de turco[91] da filosofia do conhecimento, Bruno Latour em particular, que amaldiçoa as ideias preconcebidas (jamais fomos modernos, ou, pelo menos, é preciso fazer a antropologia dos modernos) e acolhe aquelas em que ele acredita (o antropoceno, Gaia)[92]. O percurso levaria de *Par-delà nature et culture* [Além da

---

tra para diferenciar tipos de conceitos logicamente distintos, como presas de Ralph *versus* presas em geral, e para ligar símbolos diferentes que se referem a uma mesma coisa, como *o homem loiro alto com um sapato preto e o homem*".

90. *Ibid.*, p. 75.

91. *Cabeça de turco* é uma expressão popular, muito mais comum na Europa do que no Brasil, que indica aquele que responde por algo, sendo culpado ou não, sendo o fato fundamentado ou não. A expressão, entre outras conotações, aplica-se atualmente a imigrantes do pós-guerra que, ao rumarem para as grandes potências europeias em busca de sobrevivência, muitas vezes trabalham e vivem em condições precárias, sendo desprezados, discriminados e condenados por todas as mazelas que existem no mundo – como relatado no livro *Cabeça de turco – uma viagem nos porões da sociedade alemã*, publicado em 1985 (Trad. Nicolino S. Neto, Rio de Janeiro: Globo, 2004) pelo alemão Günter Wallraff, jornalista que, de 1983 a 1985, viveu e trabalhou na Alemanha disfarçado de imigrante turco para investigar a condição real de vida de um imigrante em seu país de origem. [N. dos T.]

92. Bruno Latour. *Jamais fomos modernos*: Ensaio de antropologia simétrica. Trad. Carlos Irineu da Costa. São Paulo: Editora 34, 2019; *Investigação sobre os modos de existência*: Uma antropologia dos modernos. Trad. Alexandre Agabiti Fernandez. Rio de Janeiro: Vozes, 2019; *Diante de Gaia*: Oito conferências sobre a natureza no Antropoceno. Trad. Maryalua Meyer. São Paulo: Ubu, 2020.

natureza e da cultura], de Philippe Descola[93], à escansão antropofágica, ligada à tradução enquanto *intradução* e ingestão da língua do outro, que Viveiros de Castro nos ensina a conhecer[94] – com a desterritorialização deleuzeana, a dobra e mil platôs, sempre como pano de fundo: é Deleuze o grande instigador-inspirador. Por sua vez, Descola se define por escapar à oposição dos artefatos intelectuais, nem oxímoro nem provocação, como um "universalista relativo" ou um "relativista relativo", que deve ser entendido no sentido de "pronome relativo", ou seja, inerente à relação, à própria matéria sobre a qual ele trabalha[95]. O que me interessa nesse movimento de fundo é que a filosofia se torna o "terreno" da antropologia, segundo a proposição de Ann Laura Stoler: o novo território está em vias de exploração para o bem maior da filosofia *e* da antropologia[96].

Um rivarolismo do múltiplo?

Ainda não acabamos, contudo, com a singularidade de cada língua. A própria ideia de "gênio" das línguas não aparece sempre, carregada de todos os tipos de riva-

---

93. Philippe Descola. *Par-delà nature et culture*. Paris: Gallimard, 2005.

94. Eduardo Viveiros de Castro. "Perspectival Anthropology and the Method of Controlled Equivocation", em *Tipiti: Journal of the Society for the Antropology of Lowland South America*, 2004, v. 2, n. 1; e *Metafísicas canibais*: elementos para uma antropologia pós-estrutural. São Paulo: n-1 edições/CosacNaify, 2015. Ver acima, p. 41 s.

95. Ver sua entrevista na íntegra na revista *Tracés*, "Faut-il avoir peur du relativisme?", n. 12, 2007/1.

96. Ann Laura Stoler, *Fieldwork in Philosophy*, School for Advanced Research Workshop, Santa Fe, out. 2012, seminário organizado por Ann L. Stoler.

rolismos, mesmo no dispositivo do e dos dicionários dos intraduzíveis? Ela não aflora necessariamente numa percepção "relativista" da língua enquanto visão de mundo? É assim que, à característica universal de Leibniz, responde, no romantismo alemão, em Herder particularmente, o contraponto caricatural da caracterização dos singulares:

> Enquanto na Itália a musa conversa cantando, na França, ela narra e raciocina com preciosidade, na Espanha, ela tem imaginação cavaleiresca, na Inglaterra, ela pensa com acuidade e profundidade, o que ela faz na Alemanha? *Ela imita*. Imitar seria, assim, seu caráter [...]. Para tanto, temos em nosso poder um admirável meio, *nossa língua*: ela pode ser para nós o que é a *mão* para o homem imitador de arte [...]. A língua francesa é de todas a mais rígida, impotente que é para se traduzir, para se prestar aos outros; língua *eternamente infiel*, o que ela diz, só o diz a sua maneira, ou seja, de maneira bem deficiente. A língua alemã, meia-irmã da língua mais bem-acabada, a língua grega, tem uma flexibilidade incrível [...]. Ela se adequa como uma língua nova, apropriada ao pensamento [...]. Como nenhuma outra nação sabe fazer, abraçamos, com entendimento seguro e mão sábia, as configurações de idiomas estrangeiros [...]. O abacaxi, que reúne em seu sabor mil aromas sutis, não carrega uma coroa à toa.[97]

Vê-se, nessa melhor das línguas que é o alemão, emergir, a partir de lugares-comuns, a maneira como a universalidade funciona, não como síntese, mas como capacidade de todas as singularidades: assim como em

---

97. "Lettres sur l'avancement de l'humanité", em Pierre Caussat, Dariusz Adamski, Marc Crépon. *La Langue source de la nation, op. cit.*, p. 105.

Aristóteles a mão é "a ferramenta das ferramentas", capaz de utilizá-las e, assim, tornar todas equivalentes, a imitação torna-se a característica genial de uma língua que careceria de gênio. A antropologia da *intradução* deve evitar parecer a coroa do abacaxi...

A inteligência circula, neste momento, entre o ridículo e o trágico. Cada caracterização é de antemão trivial e abusiva, no entanto ... E, no entanto, como em "todas as francesas são ruivas", temos uma ilusão compartilhável. Muito me impactaram os escritos de Henri van Lier[98], que descreve as "Lógicas de dez línguas europeias" (1989-1990) e explora, sob a égide de uma frase poética ou filosófica em língua (é o caso, por exemplo, de uma das epígrafes que van Lier escolhe para a seção sobre o neerlandês do artigo mencionado: o acréscimo nesta língua feito ao primeiro escólio da proposição VIII da primeira parte da Ética de Espinosa), os itens sucessivos que são "linguagem", "fonossemia", "sintaxe", "semântica", "consonâncias culturais". Os títulos adotados, claro, podemos achar caricaturais: "o francês e o jardim"; "o inglês e o mar"; "o alemão e a forja"; "o italiano e o tablado"; "o espanhol e a grelha"; "o russo e a isbá"; "o neerlandês e o pôlder"; "o português e o oceano"; "o dinamarquês e o entre-dois-mundos"; "o grego e a luz branca". Van Lier conclui com um epílogo linguístico: "O partido existencial das línguas" (1991). Um exemplo? "Todo condenado à morte terá sua cabeça cortada": eis-nos aqui, quanto ao francês, com "uma guilhotina que se destaca em execu-

---

98. Henri van Lier. "Anthropogénie et linguistique. Devenirs méditerranéens", em *Monde méditerranéen. Synergies*, n. 2, 2011 (Revue du Gerflint, Groupe d'études et de recherches pour le français comme langue internationale).

ções lisas e perfeitamente disjuntivas" que suscitou a "admiração conjunta de Stendhal e Claudel"[99].

É esse tipo de generalidades singularizantes, politicamente incorretas demais, que tentamos o tempo todo evitar no *Dicionário dos intraduzíveis*, em particular naquilo que chamei "entradas de segunda ordem", as mais arriscadas desse ponto de vista, porque elas se esforçam para levar em conta o todo de um problema (a ordem das palavras, o gênero dos nomes, o tempo e o aspecto dos verbos) e, às vezes, o todo de uma língua. Temos, por exemplo, "o inglês e a linguagem ordinária", agarrado na borda do gerúndio. O alemão está cercado por dois artigos, "Sintaxe e semântica no alemão filosófico moderno: Hegel e Kant", por um lado; e, por outro lado, "Combinatória e recursos conceituais: uma metafísica das partículas", que trata da maneira como verbos e partículas entram em combinação (*an, aus, ab, vor* e *dar, zu, ent, um*, com, por exemplo, *setzen, legen* ou *stellen*). O espanhol é abordado *via* "dupla *ser/estar*". A língua francesa é descrita como "*évidement*"[100]; a língua grega, por meio de "constâncias e mudanças"; a língua italiana: "uma filosofia inclusive para os não filósofos"; o português: "uma língua barroca"; o russo, *via* "oposição diglóssica". Tentamos com todas as forças evitar o "gênio" por meio da operação e da história, desviar pelo teor de uma particularidade linguística em filosofia, mas está claro que se trata de evasão. São testemunhas disso a discussão com Étienne Balibar a respeito do artigo de Alain Badiou sobre a língua francesa, assim como a análise proposta por Emily Apter no "Prefácio" do *Dictionary of Untranslatables*, sob o título *Specters of National Subjects*:

---

99. *Ibid.*, p. 41.
100. "Esvaziamento", "limpeza". [N. dos T.]

Alain Badiou ao mesmo tempo critica e mitifica a língua nacional quando insiste no fato de que para Descartes, Bergson, Sartre, Deleuze ou Lacan filosofar não quer dizer outra coisa senão pensar de maneira aberta e democrática... Contrariamente ao que se passa em alemão, em que a verdade é alcançada por meio de uma desvinculação verbal e sintática, a sintaxe francesa é supostamente transparente à verdade. Próxima de uma língua adâmica, como descrita por Badiou, presta-se ao formalismo lógico, aos axiomas, às máximas e aos princípios universais. Mas, sobretudo, a língua francesa, segundo Badiou, politiza toda enunciação filosófica... Mesmo que para ele a ontologia nacional seja, estritamente falando, um anátema, ele poderia ser criticado por reduzir o mito a um nacionalismo linguístico equívoco, à falta de historicizá-lo e à força de jogar com seu desenvolvimento.[101]

Sim, Alain Badiou descreve o francês, "língua de todo mundo", como uma "língua magra", cujo "universalismo latente" repousa sobre a convicção de que "a essência da língua é a sintaxe", de modo que "a sintaxe politiza toda enunciação filosófica" – "O homem é uma paixão inútil" e "o inconsciente é estruturado como uma linguagem"[102] fazem eco a "todo condenado a morte terá sua cabeça cortada".

E, sim, ele descreve assim uma experiência de leitor--autor-filósofo:

> Certamente sabemos [...] que nada de peremptório pode ser dito sobre as línguas que algum escritor, algum poema não venha desmentir. Isso não nos impede, a nós

---

101. *Dictionary of Untranslatables*, *op. cit.*, p. XIII. Trad. Hélène Quiniou, em *Philosopher en langues*, *op. cit.*, p. 53.

102. *Dicionário*, pp. 101-11 (este trecho na p. 111). Tradução da entrada, Rodrigo Tadeu Gonçalves.

> filósofos, de ter uma imagem das línguas, decerto aproximativa mas eficaz. É assim que, incorretamente ou com razão, acontece de invejarmos o poder que a língua alemã tem de distribuir, em uma semântica idólatra, profundidades oferecidas a uma exegese infinita. Acontece também de desejarmos o recurso descritivo e irônico do inglês [...]. E mesmo a ramificação italiana [...].
> Mas esse não é o nosso gênero.[103]

Mas, justamente, esse não é o nosso gênero – o francês não é o alemão, o inglês, o italiano. Mas, justamente, esse não é o nosso gênero – fazer teoria de certo gênio das línguas.

Para tentar tornar essa posição compreensível, gostaria de voltar a Rivarol. Seu discurso *De l'universalité de la langue Française* [Sobre a universalidade da língua francesa], premiado no concurso da Academia de Berlim em 1783 (primeiro *ex aequo* com o do professor Gustav Schwab, de Stuttgart), responde a três questões: "O que tornou a língua francesa universal? Por que ela merece essa prerrogativa? É de se presumir que ela a conserva?" Está em jogo o "nacionalismo" mais banal, que dá como certa a relação entre língua e povo e nos propõe os clichês bem-educados ao quais estamos habituados. Rivarol os relaciona com uma história e uma geografia que tem prazer de inventar; assim, "o gênero humano é como um rio que corre do norte ao sul, nada pode fazê-lo retornar a sua fonte" – a metáfora está aí para justificar que o alemão "desce" em direção ao francês, mas o francês não "remonta" ao alemão...

Como se pode julgar um homem por suas palavras, pode-se julgar uma nação por sua linguagem: "Uma nação inteira fala de acordo com seu gênio."

---

103. *Ibid.*, p. 110.

Nesse rápido quadro das nações, vê-se o caráter dos povos e o gênio de sua língua caminharem juntos, e um é sempre a garantia do outro.[104]

Esse gênio é definido de maneira marcadamente unânime, com valor aproximado, em Herder, Rivarol ou Badiou: assim, para Herder, o francês é uma língua ao mesmo tempo "rígida" e "eternamente infiel"; Rivarol, que faz do francês a língua da ordem racional por excelência, esclarece que, enquanto na Inglaterra as mulheres não deixaram o tribunal doméstico, "sem elas, os franceses seriam pintados de um só ângulo"[105]; por fim, para Badiou, o francês, língua de axiomas, sintaxe contra substância, é antes de tudo "língua das mulheres e dos proletários mais que dos doutos"[106].

Segue, sob a pena de Rivarol, uma confissão compartilhável: "Pergunta-se com frequência o que é o gênio de uma língua, e é difícil dizê-lo." Serão ligadas, como for possível, as articulações, vogais, prosódia, torneaduras e construções ao clima e ao "cárater" de cada povo em particular. Mas o ponto em que Rivarol se torna Rivarol é quando ele passa do gênio próprio, mal definido, de uma língua conjunturalmente dominante, o francês (como já descrito na *Gramática de Port-Royal*), à língua universal, o francês.

Resta-me comprovar que, se a língua francesa conquistou o império por seus livros, pelo humor e pela feliz posição do povo que a fala, ela o conserva por seu próprio gênio.

---

104. Rivarol. *Discours sur l'universalité de la langue Française*, em *Pensées diverses*. Verrières-le-Buisson: Desjonquères, 1998, pp. 102-57 (este trecho na p. 112, depois na p. 113).

105. *Ibid.*, p. 116.

106. *Dicionário, op. cit.*, pp. 103-4. Tradução adaptada. (N. dos T.)

> O que distingue nossa língua das línguas antigas e modernas é a ordem e a construção da frase [...]. O francês nomeia primeiro *o sujeito* do discurso, em seguida *o verbo*, que é a ação, e por fim *o objeto* dessa ação: eis a lógica natural para todos os homens; eis o que constituiu o senso comum [...].
>
> O francês, por privilégio único, permaneceu fiel, sozinho, à ordem direta, como se ele fosse todo razão [...] a sintaxe francesa é incorruptível.[107]

O francês se torna, então, o nome próprio do *logos*:

> Pois, é preciso dizer, ela [a língua francesa] é, de todas as línguas, a única que tem uma probidade ligada a seu gênio. Segura, social, razoável, não é mais a língua francesa, é a língua humana.[108]

Evidentemente é essa apropriação do universal que torna Rivarol rivarolesco. E que, não menos evidentemente, isenta Badiou, para quem, numa outra proporção, o francês não pode fingir ser *a* única língua, nem a melhor, sendo o ponto de partida assumido a inteligência diferencial da diversidade sem hierarquia das línguas enquanto línguas.

Mas o que concluir quanto ao "gênio"? Há um rivarolismo tolerável – talvez seria preciso dizer rivarolismos toleráveis? Nosso *Dicionário* não induz, contra sua vontade, algo como um rivarolismo do múltiplo, menos imperfeito nisso que vários outros, a contrapelo das línguas para Mallarmé?

---

107. Rivarol. *Discours sur l'universalité...*, op. cit., pp. 128-9.
108. *Ibid.*, pp. 133-4.

Desvincular língua e povo: "uma língua não pertence"

Torna-se claro que a diversidade das línguas, nosso "há" humboldtiano, não basta para encarar o árduo problema do gênio das línguas. É preciso ao menos, sem que se possa estar seguro de que isso baste, duas condições suplementares, que nos reconduzem a certa ideia da tradução. Eu as formularia grosseiramente assim: 1) desvincular língua e povo ou desnacionalizar a língua materna; e 2) estacionar "entre".

Tentei ilustrar essa posição na exposição "Après Babel, traduire" ao fomentar um filme com a ajuda de Nurith Aviv e Emmanuelle Laborit. No filme *Signer en langues*, a atriz surda sinaliza uma mesma noção em diferentes línguas de sinais; e a diferença dos gestos e das mímicas, até mesmo dos sons que ela produz, torna evidente algo como uma diferença que não sei se devemos qualificar como profunda ou superficial ("superficiais por profundidade", dizia Nietzsche dos gregos). "Cultura", por exemplo, em francês está associada a uma floração do crânio; em inglês estadunidense, à maneira como se envolve o indivíduo-dedo; em japonês, a um gesto de encaixe e de ajuste; em hindi, a uma posição de braço e mão que evoca a estatuária e a dança. Somos então confrontados com apreensões da cultura, com sintomas de diferenças, com intraduzíveis, em suma, mais do que colocados diante de identidades enraizadas. É uma tentativa de mostrar os "gênios" de maneira não nacionalista, sem território, com designações como se de fora, que ofuscam clareza secundária e ironia.

Para contrariar o enraizamento identitário que ameaça conduzir à autenticidade heideggeriana, quero tomar de empréstimo as palavras de Jacques Derrida. Em seu último livro, *Apprendre à vivre enfin*, oxímoro pragmático, já que o livro desde o início teve vida póstuma, Derrida remete a *O monolinguismo do outro* e retira a "lei universal" de sua "história singular":

> Tenho apenas uma língua e, ao mesmo tempo, de modo singular e exemplar, essa língua não me pertence [...]. Uma história singular exacerbou dentro de mim esta lei universal: uma língua não pertence.[109]

Essa história singular (o árabe ensinado como língua estrangeira na Argélia) ensina que a primeira condição para saber que se "tem" uma língua é ouvir pelo menos duas delas. É preciso conhecer, ou mesmo somente aproximar, pelo menos duas línguas para saber que se fala uma delas, que é uma "língua" que se fala. Se não for assim, não há um outro, nem mesmo um eu. Goethe dizia: "Aquele que não conhece línguas estrangeiras nada sabe da sua própria[110]", e seu alemão distinguia então entre duas maneiras de se apropriar, *können* e *wissen*. Derrida, mais desterritorializado, acrescenta que a língua que ele tem "não é [sua] minha"[111]. Pois a segunda lição da mesma experiência é que essa língua que se tem "não pertence". Ela é falada por outros, que também a "têm" ou, antes, que têm outra.

Dizer que uma língua não pertence permite desvincular língua e povo, desnacionalizar a língua, descompartimentar o espaço. É na medida em que as fronteiras entre línguas e Estados-nação não coincidem que, a

---

109. Jacques Derrida, *Apprendre à vivre enfin, op. cit.*, p. 39.

110. "Wer fremde Sprachen nicht kennt, weiß nicht von seiner eigenen", *Máximas e reflexões*, 1833.

111. *"n'est pas la [s]ienne"*. [N. dos T.]

despeito dos usos deletérios que um povo tenha feito de uma língua que é a "sua" ("Nossos ancestrais, os gauleses", dos manuais de além-mar), o pós-colonial produz não o tolerável, mas o apaixonante. Pode-se apropriar e amar a língua do outro, mesmo o pior dos outros – Kateb Yacine preza o francês enquanto um "espólio de guerra". Ao contrário, a língua "materna", na qual se fomenta sempre rápido demais a passagem do patriotismo ao nacionalismo (quando o sangue impuro impregna os sulcos[112]), encontra-se também dispensada do enraizamento no solo e, por sua vez, livre de servir de "pátria". Hannah Arendt, diante da língua alemã envenenada pelo nazismo (as "minúsculas doses de arsênico" de Klemperer), coloca-se a questão: "Fazer o quê? Não foi a língua alemã que enlouqueceu" – questão que apavora Derrida[113]. Ela, que jamais se sentiu "pertencer a qualquer que seja o povo", nem alemão nem judeu, escolheu então não a Alemanha, mas a língua alemã – aquela que ressoa *in the back of my mind*, como ela diz desde seu exílio nos Estados Unidos (e em inglês, no meio de uma entrevista em alemão, quase passa batido!) – como "única pátria". E o poeta Randall Jarrell, nascido em Nashville, Tennessee, encarece: "Acredito – Acredito realmente, acredito realmente – Que o país que mais amo é o alemão."

---

112. Referência à Marselhesa. [N. dos T.]

113. Ver a magnífica entrevista realizada por Günter Gaus, em 1964, para a televisão alemã, traduzida para o português por Ludmyla Franca-Lipke, revisada por Cláudia Perrone-Moisés e Ellen Spielmann, "O que fica é a língua materna", postada pelo Centro de Estudos Hannah Arendt – CEHA, em 8 jul. 2020 (disponível em: https://youtu.be/PG8BYwv9IBQ). A versão francesa foi publicada em junho de 1985 no n. 6 da revista *Esprit*. Comentada por Derrida em longa nota de 24 páginas em *O monolinguismo do outro*, *op. cit.*

A língua definida por autores e obras, a língua-*energeia*, sempre excede os seus usos. É um bem, uma inventividade e uma força que pertencem aos outros, a todos, seja ela ou não a sua língua "materna". As línguas são recolocadas em movimento (haveria um dicionário dos franceses, como há dicionários dos espanhóis), e a condição de estrangeiro, de exilado, de desenraizado, de bárbaro, de outro é uma condição de vanguarda, "à frente", como é para Rimbaud a poesia. Aliás, a francofonia só se sustenta assim: ou ela é plurilíngue ou não existe. Não a França, nem o francês sozinho, todos os franceses da França e de outros lugares, mas o francês *e*, o francês *com*, com o inglês entre outras, com as outras línguas. Quando o francês aparece no lugar ocupado mais frequentemente pelo inglês, como língua de comunicação entre as outras línguas, é necessário que, longe de excluí-las ou invalidar-lhes o uso, ele as respeite, as coloque em relação e faça valer suas singularidades. "Mais de uma língua" e "uma língua não pertence", eis nossas duas palavras de ordem para pensar a tradução.

Entre as línguas, ou sobre a filologia

Pois a verdadeira resposta para a questão dos nacionalismos identitários e exclusivos, enxertados no gênio maligno das línguas, é fornecida pela própria tradução. Ela cria a passagem entre as línguas, entre. Ao fazer isso, situa-se de saída na dimensão do político: está em jogo a articulação de uma pluralidade diferenciada. O diverso é utilizado numa prática do comum.

O "estar-junto", o "viver-junto" são atualmente as novas palavras de ordem, em todos os sentidos do termo, sinalizadas no alemão pela substantivação do infinitivo e realçadas pelo hífen... Eu compreendo, partilho o aborrecimento e mesmo a exasperação que desponta no livro de Pascale Casanova, *A língua mundial – tradução e dominação*, centrado na análise, *à la* Bourdieu, das práticas de poder na operação entre as línguas, logo, na tradução. O "entre" arrisca ser uma maneira bacaninha e politicamente enganada/enganosa de insistir no hífen, em certa linha consensual, bem-pensante e prazerosamente maleável, do tipo Arendt-Ricœur: um *vade mecum* judaico-cristão de homens de boa vontade para a sequência dos acontecimentos.

De minha parte, no entanto, acredito, como se vê, reivindicando outra vez Arendt, que outra prática e outra interpretação do "entre" são possíveis. Não tanto filosóficas, nem antropológicas, quanto filológicas. Elas remetem ao melhor do livro de Heinz Wismann, *Penser entre les langues* [Pensar entre as línguas][114]. Esse melhor não tem a ver com sua experiência biográfica nem com seu talento de narrador, por mais charmoso que possa ser, mas com sua prática textual. O "entre" não é o ponto de apoio de uma lição de benevolência burguesa apta a confortar politicamente o existente. Ele também não remete à ausência ou a um sem-fim histerizável, misterizável, além do ser, preso à diferença mais ou menos ontológica ou imanente, que se poderá renomear ou deslocar como *différance*, diferendo, diferença e repetição. Não, é muito mais um tropismo filológico em ação e, a julgar pelo que vejo, uma maneira admirável e pagã de olhar e compreender[115].

---

114. Heinz Wismann. *Penser entre les langues*. Paris: Albin Michel, 2012, p. 92.
115. "Só há uma maneira de combater eficazmente uma língua dominante: adotar uma posição 'ateia' e, portanto, não *acreditar* no prestígio dessa língua", diz por sua vez Pascale Casanova (*op. cit.*, p. 24).

Eu me pergunto se essa posição não está ligada à prática de uma língua dita morta. A relação de poder, o vínculo entre dominação e tradução encontram-se de fato profundamente modificados por ela. O francês que traduz não se apropria atualmente do grego – o próprio heideggerianismo poderia passar sem ele, já que o grego se revelou o "laranja" de uma língua viva "autêntica", o alemão. Primeiro, não está mais em jogo uma apropriação pela língua de chegada, nem mesmo uma "ilustração", mas um puro espanto e uma estação, uma parada. É esse espanto e essa estação que chamo cultura. Wismann, entre o alemão e o francês, por seu lado, muito culturalmente, o diz assim: "O que procuro descrever como o 'entre' das línguas, os gregos o fabricaram a partir do grego."[116] O grego é de fato "multilíngue", o jônico da epopeia, com um pouco de ático, a poesia entre o dórico elogioso de Píndaro e o coaxar de Arquíloco, Píndaro *e* Arquíloco, a, ou melhor, as línguas artificiais da tragédia, segundo a parte falada ou cantada. "Entre", pelo meio, no cerne do grego.

O elogio, gênero recapitulativo: a tradução como *savoir-faire* com as diferenças, ou sobre o melhor paradigma para as ciências humanas

Enquanto *savoir-faire* com as diferenças, estação entre, a tradução está em condições de constituir, parece, o novo paradigma das ciências humanas. Não o único, mas o melhor, ao menos por ora. "A língua da Europa é a tradução", de acordo. Porém, uma vez que a Europa pode servir de modelo virtuoso, ao menos teoricamente e ao

---

116. Heinz Wismann, *Penser entre les langues, op. cit.*, p. 92.

menos uma vez, vamos ter que ampliar para: a língua do mundo é a tradução.

Gostaria de detalhar o elogio recapitulando. Primeiro, trata-se da consideração do outro, enquanto semelhante, como eu e não como eu: o outro não é um bárbaro. As línguas são como um panteão e não como uma igreja, são deuses, no plural, e não um Deus único. É preciso respeito, *aidōs*, consciência do olhar do outro (isso mesmo que as periferias reivindicam), no fundamento do político. A tradução "põe em consideração" o outro e trama a diversidade muito além do politicamente correto. Como em Homero, em que aquele que aparece diante de si pode ser, a cada vez, um deus, uma língua, qualquer que seja ela, é soberana.

Ademais, ou igualmente, toda tradução – e todo tradutor sabe disto – nos engaja em mais de uma possibilidade. Há mais de uma tradução possível, e mais de uma boa tradução possível. Não apenas porque se trata de saber quando, por que, para quem se traduz; mas também porque, sendo cada língua um tecido de equívocos, uma única frase, sintaxe e semântica, é cheia de várias percepções, direções, significações ("sentido", portanto). Pode haver traduções boas, ruins e, sobretudo, umas melhores que outras. Há várias traduções boas, e a tradução, ligada assim à interpretação, ensina o "relativismo consequente". Há uma melhor tradução para – para dar a entender isso, ou aquilo, de tal modo. O relativismo consequente implica passar da ideia de uma Verdade única, *a* Verdade, e, assim, da ideia de que há *um* verdadeiro e *um* falso, para a ideia de que há um "mais verdadeiro", um "melhor para", um "comparativo dedicado" em dada situação. O *savoir-faire* dos tradutores é aquele dos bons professores e dos bons políticos: "fazer passar de um estado menos bom para um estado melhor", melhor para um texto, um indivíduo, uma cidade, mas em nada mais verdadeiro...

Quando se traduz, logo, quando se passa entre as línguas, "desessencializa-se". Trata-se sempre de mostrar que, em vez de uma essência fixa, há interferências, que cada língua é para uma outra "o albergue do longínquo" (a belíssima expressão do trovador Jaufré Rudel, resgatada por Antoine Berman)[117]. Em suma, há *energeiai*, energias operando, e não simplesmente *erga*, obras – é preciso traduzir o que um texto faz, não o que um texto diz, repetia Meschonnic[118]. O ato de fala, o ato de língua e o ato de traduzir são todos os três *energeiai*, performances, e a *energeia* serve de operador ao relativismo para complicar o universal.

Adoraria concluir com uma prece prática que se some à utilidade sonhadora dos dicionários dos intraduzíveis. Gostaria que as humanidades, desde o ensino fundamental e médio, mas também do jardim de infância, que vive sobre um reservatório de línguas, disponibilizassem todo o seu espaço à prática da tradução, palavras e textos em línguas, em sua língua original e traduzidos em língua de acolhimento. A relação entre língua de acolhimento e língua de origem, eis um vai-e--vem essencial. Essa desterritorialização é educação, o que em grego recebe o nome de *paideia*, no duplo sentido de cultura da alma e de aprendizagem escolar. É todo um tipo de ensino de línguas que deve ser promovido.

---

117. Antoine Berman. *A tradução e a letra ou o albergue do longínquo*. Trad. Marie-Hélène Torres, Mauri Furlan e Andréia Guerini. Rio de Janeiro: 7 Letras, 2007.

118. Henri Meschonnic. *Poética do traduzir*. Trad. Jerusa Pires Ferreira e Suely Fenerich. São Paulo: Perspectiva, 2010, pp. XXX, LXII e 68. [A autora cita também a página 129 do texto original, a qual não foi traduzida na versão brasileira. (N. dos T.)]

Arendt não se engana sobre isso, que assegura sob o título "Pluralidade das línguas": "O que é determinante é o fato de que 1) há várias línguas [...] e 2) todas as línguas *podem ser aprendidas*"[119], confiando-nos assim à equivocidade vacilante do mundo. Essa lição de diversidade articulada, apta a complicar o universal, é uma boa prática das humanidades, uma boa prática pedagógica, em todo caso.

---

119. Hannah Arendt. *Journal de pensée, op. cit.*, t. I, p. 57, grifo meu.

"ENTRE"

> "Aparentemente, ninguém quer saber que a história contemporânea criou um novo tipo de seres humanos – o tipo que é colocado em campos de concentração por seus inimigos e em campos de internamento por seus amigos."
>
> HANNAH ARENDT,
> "Nós, refugiados", *Escritos judaicos*

> "É [...] essencial formular um contra-imaginário que se oponha a este imaginário demente de uma sociedade sem estrangeiros."
>
> ACHILLE MBEMBE,
> *Crítica da razão negra*

Atualmente parece impossível a um intelectual europeu (certamente não definirei esse invertebrado difuso) escrever um livro, fazer uma conferência ou qualquer intervenção pública que seja sem acrescentar um "e" àquilo que ele tem a dizer. Antístenes acrescentava a todos os seus requisitos, quando vinham lhe perguntar o que era necessário para estudar com ele, um *kainou*: um livreto *kainou*, uma pena *kainou*, uma tabuleta *kainou*. O aluno precisava de um livreto, uma pena e uma tabuleta "novos", mas o adjetivo também podia ser entendido decomposto: *kai nou*, venha com um livreto "e com teu espírito", com uma pena "e com teu espírito", com uma tabuleta "e com teu espírito"[1]. Do mesmo modo, acho que é preciso, quando se pensa aqui e agora ter algo a

---

1. Diôgenes Laêrtios. *Vidas e doutrinas dos filósofos ilustres*. Trad. do grego, introdução e notas: Mário da Gama Kury. 2. ed. Brasília: Ed. UnB, 2008, p. 153. [Tradução levemente modificada. (N. dos T.)]

dizer, dizê-lo com um *e*: *e* o Mediterrâneo. *E* o cemitério que está se tornando o Mediterrâneo, cemitério dos refugiados que tentam chegar à Europa, ao mesmo tempo cemitério da própria Europa. Impossível falar da tradução, da diversidade das línguas e das culturas, do relativismo consequente sem esse *e*.

Escolhi, para manifestar esse *e* ao final do presente livro, a palavra "Entre", em toda sua ambiguidade. Quando pronunciada isoladamente, entende-se a palavra "Entre" como imperativo do verbo "entrar", *intrare*, "penetrar em, passar ao interior". Em latim, convida-se alguém a transpor o limiar (*limen*), os limites sagrados da cidade (*pomœrium*), para sondar as profundezas da terra (*terram*), para penetrar nos corações (*animos*). E, em francês, a partir do século XI, entra-se tanto no sentido próprio como no figurado: "entra-se em uma mulher", entra-se em matéria, em guerra, em ação, em relação, em furor, em conta... "Entre" é a hospitalidade. "Proibido entrar" é a barreira erguida, a fronteira como muro.

Há um segundo "entre", ao redor do qual, com a tradução, não paramos de girar: a preposição. Ela pertence à mesma família latina, *inter*, com o sufixo *-ter*, que indica dualidade, como em *alter*, o outro de dois (assim: *alter ego*, um outro eu mesmo). Estar "entre" é estar "no interior de dois"; no sentido local, "manter-se no intervalo" e não dentro ou fora; no sentido temporal, "se desenrolar durante", "enquanto". Tanto que, desde o século XVI, em francês a preposição expressa as relações de reciprocidade e de comparação – uma entrevista, um entrelace, uma intermediária, um empreendedor[2]. Desta vez sem exclusão, sem "não entre" possível, mas uma zona complexa em que só pode haver interação e interferência.

---

2. E no original, *entretien, entrelacs, entremetteuse, entrepreneur*. [N. dos T.]

Percebi essa ambiguidade pela primeira vez quando precisei falar sobre Lampedusa[3]. Não pude não pensar, selvagemente, no "não entre" que se dirige àqueles que se afogam diante de Lampedusa – vocês sabem, essa ilhota de 34 quilômetros quadrados, um confete, que está mais perto da Tunísia que da França e onde houve, em meados de outubro de 2013, quatrocentas mortes; em 25 de outubro, no momento em que a Comissão Europeia se reunia com contrição para discutir o que fazer com os migrantes, setecentos deles foram salvos por um triz. Segundo os dados do coletivo Migrant Files, recolhidos um pouco menos de três anos mais tarde, no fim de junho de 2016, chegaríamos, nesse momento, a 22 mil afogados, ou seja, mais de 1500 mortos por ano – contabilizados.

Foi então que o outro "entre" do entre-dois se apresentou para mim como um "contra-imaginário", o mesmo cuja necessidade invoca Achille Mbembe. Nada de mundo comum sem gosto, sem gosto de "entre". Mas a cultura do "entre" precisa ter muito boas vértebras para resistir à *Realpolitik* que nos ameaça a todo instante. Achille Mbembe conclui assim a entrevista dada ao *Libération* para apresentar a *Crítica da razão negra*: "Poderíamos começar por reivindicar o direito de estadia para todo ser humano onde ele o desejasse." Utopia? Talvez. Ele acrescenta: "Em todo caso, é essencial formular um contra-imaginário que se oponha a esse imaginário demente de uma sociedade sem estrangeiros."[4] É o contra-imáginário ao qual eu tento dar forma por meio de outro sentido de

---

3. Durante o Fórum *Le Monde*/Le Mans, organizado em 2013 por Jean Birnbaum sob o título "Repousser les frontières?" ["Repelir as fronteiras?"].

4. *Crítica da razão negra*. Trad. Sebastião Nascimento. São Paulo: n-1 edições, 2018. Entrevista concedida ao periódico *Libération* em 2 e 3 de novembro de 2014.

"entre", o "entre-dois", tomando como modelo desse "entre" a tradução.

Não a globalização, o *globish*, pois as pessoas, como as línguas, não são como mercadorias que circulam em regime de equivalência geral num mundo capitalista; mas uma diversidade com estadias e passagens. Há línguas – culturas, visões de mundo – e pessoas que as falam, textos, e traduzindo se passa de uma língua a outra. É evidente que é preciso apostar na diversidade, e no *savoir-faire* com as diferenças. Fazer da fronteira um "entre", um direito na estadia. As línguas, como os rebanhos, não se detêm nas fronteiras, elas migram, deixam rastros umas nas outras, se transformam e permanecem singulares. São aprendidas e traduzidas. A tradução como modelo do "entre" impedirá sempre o encadeamento *logos*, bárbaro, escravo, subalterno, que põe em dúvida se aquele que se afoga é um ser humano e condena os comandantes que socorrem os botes em perigo, contrariando as ordens de seus superiores.

Não acredito que seja absurdo tentar contrapor, com uma ideia e uma prática minúsculas como uma vida (uma pedrinha, um fio, ao nosso alcance, numa situação de horror), uma complexidade econômico-política real. Ou melhor, é a única coisa que não é completamente absurda. Em outros termos: a cultura é a saúde do político. As humanidades, doravante, não são mais, como Bourdieu nos fazia pensar antigamente, e com razão, uma propriedade de herdeiros: repito, as humanidades, o humanismo, passaram hoje em dia da reação à resistência. É decisivo compreender isso.

Aos meus olhos, a tradução é o modelo alternativo ou o contra-imaginário que permite articular de outro modo o de dentro e o de fora, a unidade e a diversidade.

A pedido de algumas associações[5], desloquei-me para Grande-Synthe e para Calais, no final de maio de 2016, logo após o desmantelamento da zona sul da Jungle[6]. Foi ali que tirei a foto que serviu de capa para a edição francesa deste livro. Sobre um terreno, a perder de vista, devastado e aplainado por escavadeiras, em que ainda fumegavam contêineres de entulhos, dava para ver na superfície um sapato, uma boneca. Bem no meio, um poste, com uma placa escrita à mão e uma seta indicando "Escola" em umas oito línguas, das quais eu não sabia ler mais que duas, francês e inglês.

Nada mais desencorajante que o absurdo. Mas desencorajante não é a melhor palavra quando se trata de homens, mulheres e crianças.

Na zona sul de Calais, entre a véspera do desmantelamento e o dia que o sucedeu, 129 menores isolados desapareceram. Eles nunca foram contabilizados pelas autoridades francesas, somente por associações inglesas. Talvez, para a lei francesa, eles nunca tenham existido.

A escola, *the school*, inaugurada oficialmente e midiaticamente alguns dias antes do referido desmantelamento, ergue-se agora no meio do nada – fotografada em demasia quando foi inaugurada para ser demolida três dias mais tarde. Um lugar nenhum onde subsistem dois outros "lugares de vida" ilesos: uma igreja etíope e uma mesquita.

Nesse lugar nenhum da escola, no entanto, há crianças, e professoras, ensinamentos, desenhos vindos de

---

5. Agradeço a Samuel Lequette e Delphine Le Vergos, que me convidaram e conduziram.

6. No início de 2016, a justiça francesa ordenou a expulsão de refugiados que viviam ao sul de um acampamento conhecido como Jungle (selva, em inglês), em Calais (região Norte da França). [N. dos T.]

fora, doados por outros estudantes, relatos são gravados, bicicletas são consertadas, uma diretora faz-tudo (Virginie Tiberghien) e um arquiteto construtor nigeriano (Zimako Jones). Quadros de correspondência entre alfabetos. Um jovem afegão de catorze anos que, graças aos dois advogados voluntários vindos regularmente de Paris, conseguiu sair legalmente para se juntar ao irmão que o aguarda na Inglaterra e veio agradecer. A espera não o deixava dormir há seis meses, depois de ter atravessado sozinho uma dezena de países (Afeganistão-Paquistão-Irã-Turquia--Bulgária-Sérvia-Croácia-Hungria-Áustria-Alemanha--França). Chegaram visitantes imprevistos num carro preto: o novo subprefeito, acho eu, e dois ou três outros homens de ternos escuros, que constatam que está havendo aula, quando talvez esperassem que esse não fosse mais o caso.

Eles me perguntam se sou jornalista. Não: filósofa. Então pergunto a eles se o transporte escolar estaria garantido. Eles vão embora.

No que resta de "selva" em Calais, bem como no novo "acampamento" em Grande-Synthe, não se está na França.

Primeiro, porque se está em lugar nenhum. Isso não se assemelha a nada daquilo que se conhece como "nossa casa". Nem favela, nem *camping*, nem *no man's land*, pois nela há *man*.

E depois porque, se se está em algum lugar, se está na Inglaterra.

A língua é o inglês, Jungle books, Jungle library, Jungle school, Laundry, Clothes, No Justice, Liberty, e as novas cabanas de madeira de Grande-Synthe são *shelters*. Além do inglês, há outras línguas desconhecidas em que os panfletos são redigidos, curdo, pachto, urdu, árabe, farsi, das quais os voluntários e colaboradores, que se esforçam tanto, geralmente não compreendem nada.

Inglês também por razão franco-regulamentar. Em Grande-Synthe, o novo acampamento, de padrão internacional, que o prefeito Damien Carême batalhou para conseguir e cuja manutenção o governo, em junho de 2016, aceitou financiar, possui regulamentação que proíbe a eletricidade e a escola. Suponho que para que não haja durabilidade, instalação, incrustação. Acampamento em trânsito. As normas internacionais de segurança, restrições tão custosas quando famosas, não seriam, além disso, mais as mesmas.

Não fique aí. Você está aí sem estar aí. Você está aí para não mais estar aí.

Existir? Viver, inclusive? Como fazer se você não está aí?

Como se esclarecer? Como se aquecer? Como se alimentar? É distribuída uma refeição quente por dia, além de algumas lamparinas a pilha. Insuficiente, claro. Evidentemente, os acampados recorrem às velas, ao petróleo e ao gás. Muito mais perigoso? Sim, mas a responsabilidade muda: não é mais do Estado, que, se abrir os olhos, terá que desmantelar. Absurdo? Absurdo.

Mas esse é sempre o caso com a administração da responsabilidade. Perto da minha casa, à beira-mar, não se instalam escadas nas rochas do cais, pois a municipalidade se tornaria responsável pelos acidentes, e o cartaz "Proibido banho de mar", fixado mesmo nos dias de bom tempo, sinaliza que, se você se afogar, será por culpa sua. Permitido estacionar: esse cartaz em minha rua sempre me faz mergulhar em abismos de perplexidade.

Tampouco pode haver escola ali, pela mesma razão: não seria mais um acampamento em trânsito. De repente, duas inglesas muito *fin de siècle* se encarregam de oferecer aulas de conversação aos adultos, para que possam melhorar o inglês de que precisarão, pois eles não estão lá, e encerram generosamente cada sessão pedindo a uma francesa que assuma os últimos minutos, porque estamos na França. Sem escola da República, vamos de voluntariado inglês. Veremos o que o Brexit mudará.

E para as crianças, um toldo logicamente ilegal, animado por www.edlumino.org, um certo Ed Lumino que, dizem as más línguas, praticava castigos corporais um pouco severos para a Inglaterra, mas que, em todo caso, sabe recolher doações.

Por que insistir na língua? Eu me perguntava antes de ir ver, somente um bocadinho, infelizmente, por que os "migrantes" queriam todos passar para a Inglaterra, quando aqui mesmo na França se estabelecem possibilidades de acolhimento nas regiões, campos, vilarejos e cidades.

Num acampamento, é preciso saber disso, desperta-se perto do meio-dia, incluindo as crianças, visto que todos passaram a noite tentando passar. É que a França não existe; sua visibilidade mais presente, aquela que os acampados retêm, é desmantelar, queimar, lacrimogenizar e, por vezes, bater. Já estão todos na Inglaterra, no entanto, sem estar lá. E sem que seu destino esteja assegurado de outro modo por lá: um trabalho precário, clandestino, um alojamento sinistro, aqueles que passam enviam fotos frequentemente pouco brilhantes, mas pelo menos estão em algum lugar. Em algum lugar.

Não quero dizer que não haja magníficos e geniais voluntários franceses, Utopia 56, L'Auberge des Migrants, que trabalham dia e noite e fazem existir a possibilidade de viver. Quero dizer que nenhuma instância oficial dá a eles o menor desejo pela França, nenhuma delas tem o direito ou não se dá o direito de lhes dar esse desejo. *No man's land* invivível, cheia de gente.

A situação não é simples. Sabe-se disso, sente-se isso, e eu não tenho a solução.

Mas o absurdo está aí. Consiste em um acampamento que contém pessoas que estão ali sem estar. Não querem que elas estejam ali, e elas não querem estar ali. É essa contradição que é preciso afrontar. É a contradição--chave que estrutura o absurdo das leis e regulamentos.

O sintoma: sem eletricidade, sem escola; e o resultado: velas, petróleo e um *ersatz* de educação inglesa. Há um regulamento para tudo, direito para isso, mas não para aquilo, e até mesmo direito para isso *e* não para aquilo. Luz/sem luz. Escola/sem escola. Não tem como, numa configuração desse gênero, não se formar uma máfia – há uma máfia para cada regulamento a contornar e para cada acesso a alguma coisa. À máfia se somam os passantes: impossível/possível passar. Não falo das mulheres, muito pouco numerosas nesse mundo de homens e que, talvez, feliz ou infelizmente para elas, não são vistas (106 de 1 300 em Grande-Synthe), são duplamente relegadas a terceiros. Não falo dos conflitos étnicos, que não se pode apaziguar, pois não há um terceiro lugar comum capaz de acolher.

O absurdo reside, antes de tudo, no fato de que, ainda que a situação esteja imersa em *double-bind*, trata-se, em suma, de pouca gente, poucos homens, mulheres, crianças. Sente-se que um continente como a Europa poderia integrá-los sem dificuldade, como fez a América, numa escala diversa, antes dela, com os europeus, os banidos, os pobres, os migrantes. A sensação é que ali, com somente aqueles ali, é muito simples.

Dois mantras o impedem.

Um: eles vão nos tomar o pouco de trabalho que temos, nosso pão.

Dois: Se os integramos, haverá um tsunami, e teremos por aqui toda a miséria do mundo, que, sejamos razoáveis, não temos condições de acolher.

A que esses lugares-comuns dão nome? Os especialistas, horrorizados, provaram que eles são falsos, bastante falsos, muito falsos, país por país e de maneira diferente (para a França que gera crianças, não exatamente da mesma maneira que para a Alemanha, por exemplo). Ou seja: "o capitalismo" não convencerá, mesmo que seja plausível, e mesmo muito verdadeiro – mas não bastante eficaz no estado do mundo.

A suspeita é sempre a mesma, como quando se deve deixar que "eles" se afoguem quando se é um capitão que respeita não a lei do mar, mas a da Frontex[7], como quando se deve deixar que "eles" durmam na rua quando se quer guardar a própria casa. Eles são – aliás, não são! – eles não são homens como eu. Os gregos chamavam esses outros aí de bárbaros, mas pensavam que eles mesmos barbarizavam quando não davam os meios de partilhar sua língua e sua cultura, quando não educavam. A relação com o outro tem muitos nomes: repulsa, escravidão, colonização, caridade, aculturação, assimilação, integração. Acolhimento, hospitalidade, abertura, reciprocidade, invenção também são opções, enfim, banais, que temos o poder de escolher. "Aparentemente, ninguém quer saber que a história contemporânea criou um novo tipo de seres humanos – o tipo que é colocado em campos de concentração por seus inimigos e em campos de internamento por seus amigos"[8].

Pantes anthrōpoi tou eidenai oregontai physei, "todos os homens desejam naturalmente saber", eis que, ao final des-

---

7. Agência Europeia da Guarda de Fronteiras e Costeira, criada em 2004 para proteger as fronteiras externas do espaço de livre circulação da União Europeia.

8. Hannah Arendt. "Nós refugiados", em *Escritos judaicos*. Trad. Laura Mascaro, Luciana de Oliveira e Thiago Dias da Silva. São Paulo: Amarylis, 2016, p. 479.

te livro, essa primeira frase da *Metafísica* de Aristóteles me aparece como o menos repulsivo dos universais. É preciso saber complicá-la, fazer variar a definição de cada um de seus termos. Homem? Saber? Naturalmente? Desejar? Todos? E é preciso deter-se em mais de um sentido, que cada um, exercendo seu julgamento, escolherá.

E você? Você deve suportar ser medida.

AGRADECIMENTOS

Retrabalhei neste livro contribuições por vezes muito recentes e por vezes publicadas em revistas ou coleções há mais de vinte anos. Tenho que expressar meu reconhecimento àqueles que publicaram esses textos em sua primeira versão, por mais diferente que esteja:

"Homonymie et amphibolie, ou le mal radical en traduction", *Revue de métaphysique et de morale*, 1989/1.

"Le statut théorique de l'intraduisible", *Encyclopédie philosophique universelle*, IV, Le Discours philosophique, org. Jean-François Mattéi. Paris: PUF, 1998.

"Violence de la traduction : traduire l'intraduisible", 22e Assises de la traduction littéraire (Arles 2005). Arles: Atlas/Actes Sud, 2006.

"Accident/accident de voiture", em *Compléments de substance. Études sur les propriétés accidentelles offertes à Alain de Libera*, ed. Ch. Erismann e A. Schniewind. Paris: Vrin, 2008.

"'Une langue entre autres...', éloge de l'homonymie", em *L'Archicube 9, Quelles langues pour quels savoirs?*, ENS Ulm, dezembro 2010.

"L'énergie des intraduisibles", em *Philosopher en langues. Les intraduisibles en traduction*. Paris: Éditions de la Rue d'Ulm, 2014.

"Entre", em *Repousser les frontières?*, org. Jean Birnbaum. Paris: Gallimard, 2014.

"C'est du chinois!", em *Psychanalyser en langues. Intraduisibles et langue chinoise*, org. Françoise Gorog. Paris: Démopolis, 2016.

"Humboldt, la traduction et le Dictionnaire des intraduisibles", em *L'Hellénisme de Wilhelm von Humboldt et ses prolongements européens*, org. Michel Espagne e Sandrine Maufroy. Paris: Démopolis/Presses de l'École française d'Athènes, 2016.

"Ils sont là mais il n'y a personne", em *Décamper*, org. Samuel Lequette e Delphine Le Vergos. Paris: La Découverte, 2016, p. 240.

Online:

"Relativité de la traduction et relativisme", colóquio 11-13 junho 2008, *La Pluralité interprétative. Fondements historiques et cognitifs de la notion de point de vue*. Collège de France, A. Berthoz, C. Ossola, B. Stock. Disponível em: http://conferences-cdf.revues.org/147. Acesso em: jun. 2010.

"Les intraduisibles et leurs traductions. Journal de bord", *Transeuropéennes, Revue internationale de pensée critique*. Disponível em: http://amisdumucem.org/documents/les_intraduisibles_texte_barbara_cassin.pdf, 2010.

Agradeço igualmente a LabEx TransferS e seu diretor, Michel Espagne, que me proporcionaram o quadro institucional no qual pude trabalhar nos últimos anos.

GRÁFICA PAYM
Tel. [11] 4392-3344
paym@graficapaym.com.br